INHALT

III. Erweckung durch Gottes Geist

VII. Gottes Herz schlägt für Erweckung

VORWORT

Dieses Buch lässt uns am weltweiten erwecklichen Wirken des Heiligen Geistes teilhaben. Die Berichte und Beispiele lassen zugleich die Elemente der Erweckung aufleuchten, wie sie die Heilige Schrift lehrt. Diese Schrift- und Praxisbezogenheit ist gerade für das Thema Erweckung besonders wichtig. Einige einführende Beispiele sollen das verdeutlichen.

»In China geschieht die größte Erweckung aller Zeiten«, schreibt Patrick Johnstone 1993.[1] Täglich kommen Tausende zum Glauben an Jesus Christus. In der Anfangsphase der Erweckung (1982-84) - und zum Teil auch noch heute - gingen die chinesischen Christen durch Leidens- und Verfolgungszeiten. Ich werde von der jungen Sheng erzählen als einer von vielen, die unsäglich gelitten und durch ihr Glaubenszeugnis andere zum Durchhalten ermutigt und manchen Verfolger der Gemeinde Jesu zum Nachdenken und Fragen gebracht hat.

In Afrika ging die Ostafrikanische Erweckungsbewegung durch eine schwere Bewährung, als das Volk der Hutus und das Volk der Tutsis sich aufs Grausamste bekämpften. Die Christen auf beiden Seiten wurden mit in diesen Krieg hineingerissen. Es gab solche, die vom Glauben abfielen und am Morden teilnahmen. Es gab viele andere, die als Brüder und Schwestern in Christus gemeinsam in den Tod gingen. Aber die Kirche wächst - das Zeugnis der Toten und das der Lebenden bringt reiche Frucht.

Mitten in den gegenwärtigen, spannungsgeladenen Umbruchzeiten in Indonesien bezeugen erweckte Christen in Krisenzeiten und im Alltag ihren lebendigen Glauben. Das wurde mir bei meinen letzten Besuchen auf der Insel Timor (Indonesien) besonders bewusst, auf der das erweckliche Leben der Gemeinde schon über 30 Jahre andauert. Sie kommen zweimal in der Woche in Hausversammlungen neben den sonntäglichen Gottesdiensten zusammen!

[1] Nach Patrick Johnstone, »Gebet für die Welt« (Operation World), London 1993, S. 164

Sie beten, singen, und teilen untereinander das Wort Gottes aus. Taufrische Zeugnisse werden gegeben. Ihre Hausversammlungen sind zugleich Basis für evangelistische Teameinsätze. Sie predigen, dienen in persönlicher Seelsorge, helfen und heilen. Die Gaben des Heiligen Geistes sind wie zu Beginn der Erweckung vor 30 Jahren unter ihnen lebendig. Ich staunte und wusste, dass ich darüber berichten sollte.

Es lohnt sich, die geistlichen Elemente der Erweckungsbewegungen zu erforschen. Anliegen und Ziel unserer Studien ist es, Verständnis für das oft außergewöhnliche Wirken Gottes in Erweckungszeiten zu wecken und unser persönliches Verlangen nach Erweckung neu zu entfachen. Beides ist eminent wichtig, denn ohne Verständnis für das Wirken Gottes in erwecklichen Aufbrüchen können wir zu im Abseits stehenden Kritikern werden, während Gott persönliche, gemeindliche oder örtliche Erweckungen schenkt. Auf der anderen Seite kann das Verlangen nach Erweckung einschlafen oder in unbiblische Bahnen gelenkt werden, wenn wir unsere Augen nicht über den Tellerrand unseres eigenen geistlichen Lebens erheben und sehen, was Gott heute in seiner Gemeinde weltweit tut.

Nach dreißig Jahren ... – Einführung

»Brannte nicht unser Herz in uns, als er mit uns redete«, bekannten die Jünger nach der Begegnung mit dem auferstandenen Herrn.

Ähnlich erging es mir, als ich das Zentrum der Erweckungsbewegung auf der Insel Timor (Indonesien) 30 Jahre nach dem Beginn dieser großen Erneuerungsbewegung dort besuchte. Mir brannte das Herz, als ich den vielen Christen begegnete und in ihren Versammlungen die Gegenwart des Auferstandenen erlebte.

Im Regierungsbezirk Zentral-Timor gibt es über 420 Gebets- und Bibelgruppen, die zugleich auch die Basis für evangelistische Einsätze und Missionsreisen sind. Sie kommen zweimal in der Woche zusammen. Bei meinen Besuchen bat ich, nichts am gewöhnlichen Ablauf der Zusammenkünfte zu ändern. Ich versprach, am Schluss kurz ein Wort Gottes auszulegen; in erster Linie wollte ich sehen, hören und lernen. Davon möchte ich hier berichten.

Es war im Sommer 1996. Mein Ziel war die Bibel- und Gebetsgruppe »Zion« in der Nähe der Kreisstadt Soe. Bis in die Gänge des Privathauses saßen sie, die meisten auf Matten, wohl an die 50 Personen: Männer und Frauen, eine starke Jugendgruppe und Schulkinder. Mir fielen ihre offenen Gesichter auf, erfrischend ihr engagiertes Singen. Ein Lied folgte dem anderen. Ihre Gebetshaltung variierte nach dem Inhalt der Gebete: Sie standen bei der Anbetung, knieten nieder beim Sündenbekenntnis, der neuen Hingabe ihres Lebens, setzten sich, während sie fürbittend für Nahe und Ferne, Gute und Böse, Große und Kleine vor Gott eintraten.

Bevor sie ihre persönlichen Anliegen vor Gott brachten, beteten sie für elf Gemeinden in der Provinzhauptstadt Surabaya, deren Kirchen am Sonntagmorgen von Feinden des Evangeliums überfallen und zerstört worden waren. Intensiv beteten sie für die geplanten evangelistischen Dienste. Sie waren zu Zauberpriestern gerufen worden, die noch tief im Geisterglauben steckten, sich aber zum lebendigen Gott bekehren wollten und nun die Befreiung von dämonischen Mächten erlebten.

Ich hörte von vier Frauen aus dieser Gruppe, die sich von Gott auf die 1000 km entfernte Insel Flores gerufen wussten; sie hatten zu Bewohnern dort persönliche Kontakte. Drei Monate lang bereitete die Gruppe »Zion« diesen Einsatz im Gebet vor. Und es stellte sich heraus, dass es wirklich Gottes Weisheit war, Frauen mit diesem Auftrag zu betrauen. Sie wurden am Hafen abgeholt, in einem Dorf im Innern der Insel nahm man sie freundlich auf, und nun kam es zu vielen persönlichen Gesprächen mit den Dorfbewohnern. Dabei ging es um Glaubensfragen, um Eheprobleme, Kinder und immer wieder auch um Kranke, für die sie im Glauben beteten und auch Heilung erlebten, und nicht wenige konnten sie in persönlicher Seelsorge zum Glauben an Jesus Christus führen. Männer hätten diesen Dienst sicher nicht tun können ohne auf erheblichen Widerstand zu stoßen. Es war kein Strohfeuer gewesen, was da vor dreißig Jahren begann.

Bei meinem Besuch der Bibel- und Gebetsgruppe »Elim« zwei Tage vorher in der Kreisstadt Soe stehe ich wieder vor dem im asiatischen Raum seltenen Phänomen, dass alle Altersgruppen vertreten sind und ihren Beitrag einbringen - ich zähle ungefähr 15 Kinder im Alter von 10-15 Jahren unter den Erwachsenen. Die Leitung hat ein Ehepaar, wobei der Mann im Verlauf der Versammlung seine Frau verschiedene Male um ihren Beitrag bittet. Zeugnisse von den Einsätzen der Gruppenmitglieder werden gegeben. Sie zeichnen sich durch Ehrlichkeit, schlichten Glauben und Demut aus. Ja, eine gewisse Schüchternheit herrscht vor, als einige mit der Gabe der Krankenheilung und andere mit der des prophetischen Wortes von ihren Diensten berichten. Eine Frau berichtet, dass sie für ein kleines Kind auf den Armen seiner Mutter gebetet hat. Es hatte hohes Fieber und war so schwach, dass es nicht die Augen öffnen konnte. Nach dem Gebet brach das Kind in Schweiß aus und machte die Augen auf. Nicht lange danach spielte es auf dem Fußboden.

Die 15 Kinder nahmen intensiv an der Gebetsgemeinschaft teil.

Eine Gruppe war in einer Dorfgemeinde übers Wochenende im Einsatz gewesen. Sie hofften, dass am Sonntagnachmittag ein »Landtaxi« in diesem Dorf vorbeikommen würde und sie so abends wieder zu Hause in Soe sein würden. Deshalb lehnten sie die dringende Bitte einer Frau um ein seelsorgerliches Gespräch ab. Es begann zu regnen. Schließlich wurde es dunkel. Kein Fahrzeug kam vorbei. Sie suchten im Dunkeln das Haus jener Frau. Diese war vor Enttäuschung schon eingeschlafen. Zur gleichen Zeit kam ihr Mann nach Hause. Das war außergewöhnlich, denn er lebte mit einer anderen Frau zusammen. An jenem Abend schließt er sich dem Evangelium auf und erlebt eine radikale Bekehrung. Die Ehe ist gerettet. Am nächsten Morgen kommt ein »Landtaxi« durchs Dorf und bringt sie zurück nach Soe.

Die Bibel- und Gebetsgruppe »Gideon« in einer kleinen Stadt im Regierungsbezirk Soe beeindruckte mich besonders, weil sie in ihrer Zusammensetzung etwas von der Einheit der Gemeinde Jesu widerspiegelt. Lehrer und Lehrerinnen der Oberschule am Ort beteten zusammen mit »einfachen« Christen aus den umliegenden Dörfern. Fast alle der 30 Anwesenden hatten ihre Bibel aufgeschlagen vor sich und verfolgten die gelesenen Verse und Auslegungen. Und was mich besonders erstaunte: Die Lehrer hörten intensiv zu, als Schulkinder in der Gruppe auch Bibelverse vorlasen, durch die Gott zu ihnen gesprochen hatte. Eine junge Lehrerin, die gerade an die Schule am Ort versetzt worden war, gab ein Zeugnis. Sie berichtete von ihrer Bekehrung zu Christus auf einer anderen Insel, wo sie auch eine Gebetsgruppe besucht, dann aber unter dem Druck und Spott ihrer Familie den Weg der Nachfolge verlassen hatte und nun wieder zurück zu Jesus gekommen sei. Die Reaktion der Gruppe war warm und ermutigend.

Mir wurde vom Einsatz eines Teams berichtet, das im Ostteil der Insel Timor das Evangelium verkündigt hatte. Zunächst fanden sie offene Türen und offene Herzen unter der Bevölkerung einer Kleinstadt. Dann jedoch änderte sich schlagartig die Situation: Es wurde von offizieller Seite gegen sie gehetzt. Es flogen Steine. Hunde wurden gegen sie losgelassen. Das Team musste sich fluchtartig in Sicherheit bringen. Dem Teamleiter gelang das nur dadurch, dass er schnell einen Baum erkletterte. Dabei kam ihm die hereinbrechende Dunkelheit zu Hilfe, in deren Schutz er später fliehen konnte. In den nächsten Tagen brach eine schwere Durchfallepidemie unter der Bevölkerung der Kleinstadt aus. Besonders Kinder, aber auch Erwachsene waren unter den Todesopfern. Das Team wurde händeringend gebeten, doch zurückzukommen. Und es kam zurück! Die Teammitglieder beteten für die Kranken und verkündigten das Evangelium. Gott wirkte ein doppeltes Wunder: Kranke wurden gesund und Feinde des Evangeliums kamen zum lebendigen Glauben an Jesus Christus. Heute gibt es in diesem Ort eine Kirche, in der sich ca. 90 Christen zum Gottesdienst sammeln, und in den umliegenden Dörfern gibt es hin und wieder kleine Gebetsgruppen.

In einem Gespräch mit dem emeritierten Superintendenten des Kirchenkreises Soe erfahre ich, dass einige der Bibel- und Gebetsgruppen in den letzten Jahren den Auftrag von Gott bekommen haben, zerstrittene Familien miteinander zu versöhnen. Es gibt Familien, die schon seit Generationen durch einen tiefen Graben des Hasses voneinander getrennt sind. Sie haben Angst, dass bei Annäherung der Fluch der Vorfahren sie treffen würde. So blieben sie auf Abstand, obwohl eine Reihe von Familienangehörigen schon zum lebendigen Glauben an Christus gekommen war. Der Heilige Geist gebrauchte den Dienst der Evangelisationsteams, sie zu überzeugen, dass Streit, Hass, Trennung Sünde ist. Sie empfingen durch Jesus Christus Vergebung und konnten einander vergeben. Manchmal sind es Großfamilien bis zu 100 Gliedern, die so das überführende Licht des Heiligen Geistes erleben. Die Evangelisationsteams beten mit ihnen und sagen sich gemeinsam von dem Fluch der Vorfahren los (1. Petr. 1,18-19). Die Versöhnung wird durch Händeschütteln und ein gemeinsames Essen bekräftigt.

Einmal im Monat findet seit vielen Jahren ein Treffen der Bibel- und Gebetsgruppen in der Kreisstadt Soe statt, und zwar an jedem 26. des Monats. In der Reformierten Kirche dort geschah vor dreißig Jahren - am 26. 9. 1965 - jenes mächtige Wirken des Heiligen Geistes - es war der Anfang der timoresischen Erweckungsbewegung, die sich sehr schnell ausbreitete. Und jetzt erlebte ich dieses monatliche Treffen am 26. 6. 1996 an einem gewöhnlichen Donnerstagnachmittag. Ich staunte: 700 bis 800 Leute verbreiteten in der Kirche eine frohe und zugleich festliche Stimmung. Die Mehrzahl waren Männer und Frauen im Alter zwischen 30 und 50 Jahren. Aber auch viele junge Leute im Alter zwischen 15 und 30 Jahren waren anwesend. Als ich später von der Kanzel fragte, wie viele den Beginn der Erweckung in dieser Kirche miterlebt hätten, waren nur einige Hände zu sehen. Ich begriff, dass ich es mit der zweiten und dritten Generation der Erweckungsbewegung zu tun hatte. Ihr mächtiges Singen, melodisch und mehrstimmig, nahm mich gefangen. In die vielen braunen Gesichter zu schauen, die dicht gedrängt vor mir saßen, war ein Erlebnis: die strahlenden Augen, ihr freier Blick, ihre nie ermüdende Aufmerksamkeit. Ich legte ihnen Apostelgeschichte 8 aus und zeigte anhand des Dienstes von Philippus, wie der Geist Gottes in neue Aufgaben hineinführt und zugleich neue geistliche Ausrüstung und seine Gnadengaben gibt.

Neben diesem Glaubenstreffen findet auch eine weitere wichtige Zusammenkunft der Leiter der Bibel- und Gebetsgruppen statt. Hier geschieht Schulung und Austausch unter der Leitung der älteren Brüder der Erweckung. Dies ist auch der Ort der Korrektur, wenn sich ungesunde und nicht schriftgemäße Entwicklungen in Bibel- und Gebetsgruppen bemerkbar machen.

Einmal im Jahr findet die große Glaubenskonferenz in Soe vom 26.-29. September statt. Keine Einladungen werden verschickt. Keine Redner werden eingeladen. Keine Hotels und andere Unterkünfte werden gemietet. Und doch kommen Tausende zusammen. 1995 waren es über 5.000. Sie kommen alle in den Familien der Erweckten unter, wo sie auch essen. Nach dem Hauptprogramm des Tages findet hin und her in den Häusern das familiäre Nebenprogramm statt mit persönlichen Zeugnissen und Singen bis tief in die Nacht hinein. Morgens ist man schon wieder früh auf den Beinen. Denn es gilt, einen Platz in einer der beiden großen Kirchen, die zusammen 4.000 Leute fassen, zu ergattern. Sonst muss man draußen stehen. Die geistliche Speise wird durch bekannte und unbekannte Redner in einem von Gott zusammengestellten Programm gereicht, das von den leitenden Brüdern der Erweckungsbewegung verantwortet wird. »Low profile« und doch so vollmächtig!

Erfrischend war die Begegnung mit einem Ehepaar, das seit 30 Jahren aktiv in der Erweckungsbewegung steht und in dessen Haus in all den Jahren montags und sonnabends Versammlungen stattfinden. Im Gespräch gab die Frau einen Überblick über 30 Jahre Erweckung auf der Insel Timor.

»Die erste Periode der Erweckung von 1965 bis ungefähr 1972 war wie ein starker Regen. Den Dienst der Erweckungsteams kennzeichneten Zeugnisgeben, Heilungsdienst an Kranken und Befreiungsdienst an okkult Gebundenen.

In der folgenden Periode, 1972 bis 1982, nahm die Verkündigung des Wortes Gottes den vorherrschenden Platz ein, während die erwähnten Kennzeichen der ersten Periode weiter den Dienst der Teams begleiteten. Ich selbst war, was die Kenntnis der Bibel angeht, völlig unwissend. Ich habe dann aber begonnen die Bibel intensiv zu lesen. Sechs Mal habe ich sie ganz durchgelesen. Dann vertraute auch mir der Herr das Vorrecht an, das Wort Gottes zu verkündigen.

In der jetzigen Phase der Erweckung wird das Wort Gottes nicht nur von einer Person verkündigt, sondern überall in den Versammlungen beteiligen sich alle, die anwesend sind, sogar die Kinder, an der Verkündigung des Wortes Gottes. Der Dienst nach draußen geschieht wie in den Anfangsjahren der Erweckung durch die Teams – die Teammitglieder sind Glieder der Hausversammlungen, so ist jede Hausversammlung zugleich auch Evangelisationsteam. Nur haben wir gelernt, nicht mehr ohne weiteres alle Einladungen anzunehmen. Wir brechen nur zu einem Dienst auf, wenn der Herr nach gemeinsamem Gebet uns Einmütigkeit geschenkt hat. Eine solche Gebetsvorbereitung kann sich über Wochen erstrecken. Das ist wichtig, denn wir erfahren auch viele Angriffe von Leuten, die das Evangelium hassen, sowie durch Konfrontationen mit satanischen Mächten.

Mit meinem Mann habe ich ein gutes Einverständnis, dass er sich zusammen mit der Großmutter um unsere Kinder kümmert, wenn ich hin und wieder auch an einem Teameinsatz teilnehme.

Auf der anderen Seite konzentriere ich mich ganz auf die Aufgaben im Haus, wenn mein Mann beruflich lange Reisen unternehmen muss, die er zugleich zum Dienst in der Evangeliumsverkündigung nutzt . . .« Und so ganz nebenbei erwähnte sie: »Wenn die jungen Leute ihre Jugendversammlung in unserem Haus haben, ist nirgends mehr Platz zu finden, denn es kommen bis zu 100 junge Menschen.«

I. Feuer im Herzen

Christen reden wieder von Christus; Laienchristen arbeiten aktiv in der Gemeinde mit - Aufbruch zum Zeugendienst und Wiederentdeckung des Priestertums aller Gläubigen: zwei Elemente, die die Echtheit erwecklicher Aufbrüche kennzeichnen.

Von Jesus reden

Erweckte Christen können nicht anders - sie müssen von ihrem Leben mit Christus sprechen. »Ihr werdet die Kraft des Heiligen Geistes empfangen, welcher auf euch kommen wird, und ihr werdet meine Zeugen sein in Jerusalem . . .«, sagt Jesus seinen Jüngern (Apg. 1,8). Das spontane Reden von Jesus ist eine direkte Auswirkung des Heiligen Geistes. Ein thailändischer Christ sagte: »Ein Baby, das gesund geboren ist, schreit. Ein Christ, der wiedergeboren ist, bezeugt seinen Herrn.« Die spontane, unkomplizierte Art von Jesus zu reden ist ein Zeichen von Erweckung. Der Geist Gottes möchte uns wieder zu dieser Frische und Unmittelbarkeit des Zeugnisgebens zurückführen, das oft eine Kette von überraschenden Bekehrungen zur Folge hat.

Der Heilige Geist hatte ihr wirklich eine originelle Idee gegeben, dieser wendigen indonesischen Sekretärin in einer amerikanischen Ölgesellschaft. Als Frau in den mittleren Jahren war sie zum Glauben an Jesus gekommen und spürte seitdem eine innere Verantwortung für die »hohen Herren« ihrer Ölgesellschaft. Aber wie an diese herankommen? Oft hatte sie auf der Immigrationsbehörde für diese Herren etwas zu tun. So lernte sie ihre Geburtsdaten kennen. Als der Chef Geburtstag hatte, fand er auf seinem Schreibtisch Blumen und eine handgeschriebene Geburtstagskarte mit einem Bibelwort. Bewegt sagte er später zur Sekretärin: ». . . und ich musste von Amerika nach Kalimantan kommen, um hier Jesus zu begegnen.«

Einem indonesischen Arzt lag es auf dem Herzen, dass alle seine Patienten ein Wort Gottes mit nach Hause nahmen. Er ließ neue Rezeptblöcke drucken - mit Bibelworten! So verschreibt er nicht nur Tabletten, sondern auch das Wort des Lebens.

In Surabaya, der Millionenstadt Ostjavas, kann es einem passieren, dass man von einem Becak-Fahrer auf den Weg zum Himmel angesprochen wird. Solange man sich in dem kleinen dreirädrigen Gefährt von ihm fahren lässt, nimmt er die Gelegenheit wahr, seinen Glauben an Jesus zu bezeugen. Erweckte Christen einer begüterten Vorstadtgemeinde Surabayas haben nämlich eine Missionsarbeit unter Becak-Fahrern angefangen, und so mancher dieser zum Straßenbild Indonesiens gehörenden sehnigen Männer ist zum Glauben an Christus gekommen.

Einer der Kirchenältesten dieser Vorstadtgemeinde, Chef einer großen Speditionsfirma, hält jede Woche am Montag eine Andacht im Geschäft mit seinen Angestellten. Und sie kommen fast alle, wenn der Chef die Bibel auslegt.

Aber nicht nur »in Jerusalem« - obwohl das Zeugnis am Ort, unter den Menschen, die uns kennen, wohl am schwierigsten ist -, sondern auch »in Judäa« - unserem Heimatland - und in »Samaria«, dem Nachbarland, ja »bis an das Ende der Erde« sind wir gerufen, Zeugen Jesu Christi zu sein. Das sind die sich weitenden Kreise des Zeugnisses eines Christen, der »die Kraft des Heiligen Geistes« empfangen hat. An ihnen wird aber auch die Reife und das geistliche Leben einer Ortsgemeinde erkannt. Echte Erweckung schaffen die Missionsgemeinden des 20. Jahrhunderts, die ihre besten Kräfte aussenden und sie mit ihren Gebeten und Gaben tragen - wie damals die Gemeinde in Antiochia, die ebenfalls mit Paulus und Barnabas ihre besten Kräfte aussandte.

Für Jesus unterwegs

In der Erweckungsbewegung in Indonesien hatte Gott Evangeliumsteams zusammengestellt, Männer und Frauen, Jugendliche, ja auch Kinder, die zusammen für Jesus unterwegs waren. Auf der

Insel Timor waren es in den ersten Jahren der Erweckung bis zu 150 Evangeliumsteams. Erweckte Christen beteten: »Herr, zeige mir, mit wem ich zusammen das Evangelium verkündigen soll!« Der erhörte ihr Gebet. Kleine und große Evangeliumsmannschaften entstanden, die Hunderte von Kilometern im Auftrag Gottes zurücklegten und viele Menschen zu Jesus führen konnten. Dabei gingen sie oft dem Netz ihrer Verwandten und Bekannten nach. Aus ihren Besuchen entstanden Hauskreise.

Will der Herr uns durch eine Erweckung in ähnlicher Weise in Bewegung setzen? In Osteuropa und in den GUS-Staaten ist noch Gottes besondere Stunde: Die Millionen, einst total isoliert, sind heute mit dem Evangelium erreichbar. Überall, bis nach Zentralasien hinein, gibt es Restgemeinden. Sie können besucht werden. Sie können zu Brückenköpfen der Mission in einer atheistischen und islamischen Umwelt werden. Sie können helfen, die Verkündigung des Besuchsteams ins Russische zu übersetzen. Wenn die Liebe Gottes durch den Heiligen Geist neu in unsere Herzen ausgegossen wird (Röm. 5,5), treibt diese uns, durch Gebet, Gaben und Gehorsam hinzugehen, bis zu den letzten unerreichten Völkern und Stämmen der Erde.

»Gottes Liebe ist ausgegossen in unsere Herzen durch den Heiligen Geist, der uns gegeben ist. Denn die Liebe Christi drängt uns, zumal wir überzeugt sind, dass, wenn einer für alle gestorben ist, so sind sie alle gestorben. Und er ist darum für alle gestorben, damit die, die da leben, hinfort nicht sich selbst leben, sondern dem, der für sie gestorben und auferstanden ist«, schreibt der Apostel Paulus (Röm. 5,5; 2. Kor. 5,14-15), der sich selbst vom Feuer dieser Liebe Gottes anstecken ließ und die Fackel des Evangeliums von Jerusalem nach Rom durch die Provinzen des Römischen Reiches brachte. Nichts macht heute unser Desinteresse am Leben unserer Mitmenschen, ihrer Gottesferne und ihrer sich selbst zerstörenden Selbstverwirklichung mehr deutlich als der Verlust dieser brennenden Retterliebe. »Jesus war zutiefst bewegt, als er das Volk sah« (Mt. 9,36). Darum brauchen wir heute nichts dringender als etwas von diesem Herzen Jesu und etwas von seinen Augen – wie er die Menschen gesehen hat.

Aus Liebe einladen

»Nehmt einander auf, wie auch der Christus euch aufgenommen hat – zu Gottes Herrlichkeit« (Röm. 15,7).

Ulla Schaible schreibt in »Leben miteinander teilen«[2] – wie ähnlich die Erlebnisse sind!

Heidenheim, Weihnachten 1969, Christmette am Heiligen Abend, gestaltet von der evangelischen Jugend. Ein seltsames Bild: In den ersten Bankreihen sitzen keine festlich gekleideten Gottesdienstbesucher, sondern ca. 50 junge Leute aus der Kommune. Sie verlangen: »Wir wollen keinen Gottesdienst – wir wollen diskutieren.« Es wird über ihre Forderung abgestimmt. Die Mehrheit stimmt für den Gottesdienst, anschließend soll diskutiert werden. Einige Gottesdienstbesucher sind gegangen, irgendjemand ruft die Polizei an, die aber glücklicherweise nicht eingreifen muss.

Der Gottesdienst ging – wie man sich vorstellen kann – mehr schlecht als recht vorüber. Anschließend wurde nicht der Heilige Abend gefeiert, sondern bis 3 Uhr nachts in der Kirche diskutiert. Das Ergebnis war für uns Christen niederschmetternd: Wir hatten keine Argumente, die die jungen Leute verstanden hätten, sondern nur fromme Richtigkeiten, die bei ihnen nicht ankamen. Uns fehlte das Wissen über die Ideen, mit denen sie sich beschäftigen, uns fehlte der Zugang zu ihnen, uns fehlte die Sprache, die sie erreicht hätte.

Dieses Ereignis brachte einige junge Mitarbeiter in Bewegung. Es entstand eine verbindliche Gruppe, die sich mit den Ideen der »Jungen Linken« – damals die drei »M«: Mao-Marx-Marcuse – befasste und überlegte, was wir vom Evangelium her dazu zu sagen hätten. Gleichzeitig wurde in der Gruppe konkret für diese jungen Menschen gebetet. Wir planten einige Veranstaltungen und Wochenenden, zu denen wir ganz speziell die aus der linken Bewegung einluden. Zu unserer großen Freude fanden einige von ihnen gleich am Anfang zum christlichen Glauben und wurden gute Mitarbeiter.

[2] »Blitzlichter aus 10 Jahren Wörnersberger Anker«, Wörnersberg, S. 9-10, leicht gekürzt

In diese Auseinandersetzung hinein entstanden Kontakte zur »Offensive junger Christen« - jener christlichen Großfamilie in Bensheim, die an der gleichen Front arbeitete. Wir beschlossen damals, ebenfalls unsere Familie zu öffnen und junge Leute bei uns mitleben zu lassen. So entstand die erste Jahresmannschaft des Evangelischen Jugendwerks in Heidenheim. Wir machten die Erfahrung, dass das Jugendhaus, in dem wir wohnten, auf einmal Anlaufstelle für viele junge Leute wurde, die hier immer Gesprächspartner fanden und für sich Hilfe erfuhren. Wir machten natürlich auch Fehler. Doch haben wir in dieser Zeit einiges gelernt und viel - gerade auch aus den Fehlern - für unser späteres gemeinsames Leben profitiert.

Auf Menschen zugehen

»Aber ihr werdet Kraft empfangen, wenn der Heilige Geist auf euch gekommen ist, und ihr werdet meine Zeugen sein sowohl in Jerusalem als auch in ganz Judäa und Samaria und bis an das Ende der Erde« (Apg. 1,8).

Das Team aus der Timoresischen Erweckungsbewegung hatte etwas von den Augen Jesu. Sie waren mit dem Schiff unterwegs, diese jungen Leute mit den brennenden Herzen für verlorene Menschen, als sie einen westlichen Weltenbummler etwas verloren an der Reling stehen sahen. Einer aus dem Team versuchte, durch einige englische Worte Kontakt mit dem Fremden herzustellen. Es stellte sich heraus, dass er Holländer war und auch einfaches Indonesisch verstehen konnte.

»Glauben Sie an Jesus Christus?«

»O ja, aber auch an Mohammed und Buddha.«

Der indonesische Bruder reagierte auf diesen Austausch etwas perplex und versuchte, dem holländischen Weltenbummler klarzumachen, dass für ihn Jesus Christus der alleinige Heiland der Welt sei, während der Holländer ungläubig, aber interessiert zuhörte.

Der Indonesier verabschiedete sich höflich und kehrte zum Team zurück.

Dieses hielt eine kleine Gebetsgemeinschaft für den Weltenbummler. Der Herr gab ihnen dabei folgende Strategie: Zuerst schickten sie ein Teammitglied vor, das sich vom Islam zu Jesus bekehrt hatte. Dann folgte ein Teammitglied, das vom Buddhismus zum Glauben an Christus gekommen war. Und als Letzte machte sich eine junge Lehrerin auf den Weg, die gut Englisch sprechen konnte. Die anderen des Teams verharrten in intensiver Fürbitte.

Sie fand einen nachdenklichen jungen Mann vor. Es entwickelte sich in Englisch ein zentrales Gespräch über die Einzigartigkeit Jesu als Heiland und Erlöser aller Menschen. Wenn es in der Kommunikation in Englisch etwas haperte, brachte die junge Lehrerin aus Timor auch ihre holländischen Sprachkenntnisse ein. Anschließend lud sie den Holländer ein, ihre Freunde kennen zu lernen. Dieser staunte nicht schlecht, als er im Kreis des Teams den ehemaligen Muslim und den ehemaligen Buddhisten entdeckte. Das Team fragte ihn, ob sie für ihn beten sollten. Bewegt stimmte er zu. Es dauerte nicht lange, dann betete er selbst und vertraute sein Leben Jesus Christus an. Das war der Anfang eines neuen Lebens mit Christus für den Weltenbummler.

Viele Jahre sind vergangen. Anfang 1997 saß ich ihm gegenüber. An seiner Seite die timoresische Lehrerin, jetzt seine Frau, und beide im Missionsdienst in Griechenland! Ich stand staunend vor Gottes Wirken still, als sie mir aus ihrem Leben berichteten. Ich muss hinzufügen, dass ich die timoresische Lehrerin kannte. Sie war Studentin am Bibelinstitut in Batu gewesen, nachdem sie in der Erweckung auf Timor zum lebendigen Glauben an Christus gekommen war. Als Evangelistin war sie dann mit den Erweckungsteams in Indonesien unterwegs, heiratete später den holländischen Weltenbummler, der sich inzwischen zum Missionar ausbilden ließ, und lebt jetzt seit vielen Jahren mit ihrem Mann in Griechenland. Sie beteiligen sich am Gemeindeaufbau dort.

». . . und werdet meine Zeugen sein in Jerusalem (Soe auf Timor) und in ganz Judäa (in Ostindonesien) und Samarien (die indonesische Inselwelt) und bis an das Ende der Erde (Griechenland).«

Die sich weitenden konzentrischen Kreise des Zeugen- und Missionsdienstes nach Apostelgeschichte 1,8 sind ein Charakteristikum erwecklichen Lebens. Dieses erweckliche Leben wird sich in einer Gemeinde, einer Bewegung und im Leben eines erweckten Christen so lange halten können, wie der aktive Zeugen- und Missionsdienst am Ort, im Land, in Nachbarländern bis zu den unerreichten Volksgruppen in anderen Kontinenten anhält und sich so durch aktives Hingehen und unterstützendes Beten und Glauben als lebendig erweist.

Als ganze Familie aufbrechen

Als Auswirkung der indonesischen Erweckungsbewegung konnte Gott viele indonesische Missionare und Missionarinnen - unterstützt durch erweckliche Gemeinden und einzelne Christen - nach Pakistan, Indien, Bangladesch, Nepal, Philippinen, China, Brasilien, Suriname, Gambia, Guinea Bissau, Kirgisistan und Deutschland schicken.

Als Beispiel soll der Missionarsdienst indonesischer Missionare in Kirgisistan erwähnt werden.

Familie S. Simanjuntak stand vor einer weit reichenden Entscheidung. Der Ruf Gottes, als Familie in den Missionsdienst in der zentralasiatischen Republik Kirgisistan zu gehen, hatte sie gerade zu der Zeit erreicht, als ihr Studium am Bibelinstitut in Batu sich seinem Ende zuneigte. Eine Großstadtgemeinde wollte Herrn Simanjuntak als Pastor berufen. Sie war an ihm als ehemaligem Geschäftsmann besonders interessiert.

Die Simanjuntaks hatten schon einmal einen ungewöhnlichen Schritt getan, als sie ihr Geschäft verkauft hatten, weil es ihnen klar geworden war, dass Gott sie im vollzeitlichen Dienst haben wollte. Mit dem Verkaufserlös des Geschäfts hatten sie ihr Theologiestudium finanziert. Jetzt wollten sie sich in der gegenwärtigen Entscheidung nicht gegenseitig beeinflussen. Als sie nach einigen Monaten die Sache miteinander ansprachen, hatten Herr Simanjuntak, Frau Simanjuntak und die drei Teenager-Kinder getrennt voneinander die innere Gewissheit, dass Gott sie in den Pioniermissionsdienst nach Kirgisistan rief. Das war sehr wichtig, weil sie sich im ersten Jahr ihres Missionsdienstes in Kirgisistan schwierigen Herausforderungen gegenübersahen: Als nicht gerade junges Ehepaar die russische und kirgisische Sprache erlernen, auf engstem Raum zusammenleben, ungewöhnliche klimatische Bedingungen, die Kinder (ein Junge und zwei Mädchen) in der russischen Oberschule, nach einem Jahr Verlust ihres Visums. Aber dann - zwei Wochen vor dem Verlassen des Landes - erfolgte das Eingreifen Gottes durch den Rektor der Universität in Bischkek, der sie als Studenten einschreiben ließ. Ein Jahr später erlebten sie die Gründung einer neuen Gemeinde. Als Familie hatten sie ihre Kontakte genutzt: Ihre Kinder bauten zusammen mit Frau Simanjuntak eine Jugendgruppe auf. Hauskreise entstanden. Nach einem Jahr konnten die ersten 16 Bekehrten getauft werden. In der gleichen Weise ist die Gemeinde in den letzten Jahren gewachsen. Eine Gemeindebibelschule kam hinzu, in der sechs Kirgisen zugerüstet wurden, die heute neue Gemeinden in Kirgisistan aufbauen. Das Wort aus Johannes 12,24 kommt einem in den Sinn: »Wenn das Weizenkorn nicht in die Erde fällt und erstirbt, so bleibt es allein; wenn es aber erstirbt, bringt es viel Frucht.«

Das Priestertum aller Gläubigen neu entdeckt

Erweckungen sind immer primär Bewegungen von Laienchristen gewesen, so war es in den vergangenen Jahrhunderten und bis hinein in unsere Tage. Das Petruswort in 1. Petrus 2,9-10 hat Männer und Frauen, Junge und Alte, Reiche und Arme, Gebildete und Ungebildete immer wieder wachgerüttelt, und der Heilige Geist hat es ihnen persönlich interpretiert: »Ihr – ihr alle – seid das auserwählte Geschlecht, das königliche Priestertum, das heilige Volk, das Volk des Eigentums, dass ihr verkündigen sollt die Wohltaten dessen, der euch berufen hat von der Finsternis zu seinem wunderbaren Licht.« Das neutestamentliche Priestertum aller Gläubigen war und ist eine revolutionäre Herausforderung an alle religiösen Strukturen dieser Welt, die jüdischen und christlichen eingeschlossen. Das Denken in Stufen und Rangordnungen ist in der religiösen Welt sehr ausgeprägt und Statusdenken sowie fromme Selbstverwirklichung sind auch in Kirchen, Gemeinden und Gemeinschaften nicht unbekannt. Ursprünglich war das ganze Volk Israel zum Priestertum berufen (2. Mose 19,6). Stellvertretend wurden Aaron und seine Söhne als Priester eingesetzt (2. Mose 28,1+43). Israel verliert als Volk das Priestertum, weil es das Goldene Kalb angebetet hat. Der Stamm Levi wird ausschließlich zum Priestertum bestimmt (2. Mose 32,28-29; 4. Mose 3,6-13; 5. Mose 33,8-11).

Durch die Erlösung, die Jesus am Kreuz vollbracht hat, ist nun eine ganz neue Situation eingetreten: Alle, die seine Erlösung annehmen, sind »Priester« im Sinne des Neuen Testaments. Der Vorhang im Tempel ist zerrissen. Jeder Gläubige darf ins Allerheiligste eintreten, weil Jesus als großer Hohepriester den Weg geöffnet hat (Hebr. 10,19-23; 9,24-28; 4,14-16).

Diese Wahrheit, die nicht ihresgleichen kennt, versucht der Heilige Geist in Erweckungszeiten wieder in die Herzen der Gläubigen zu brennen: Ihr, die ihr vielleicht menschlich wenig bedeutet, habt eine große Bedeutung vor Gott. So wie im Alten Testament der Priester, der König und der Prophet durch die Salbung mit Öl in den Dienst eingesetzt wurden (3. Mose 21,10; 1. Sam. 16,11-13; Jes. 61,1), so seid auch ihr durch den Heiligen Geist zum Dienst gesalbt. Ihr seid durch den Heiligen Geist von neuem geboren (Joh. 3,3-7), der Heilige Geist hat Wohnung in euch genommen (1. Kor. 6,19-20); ihr seid durch den Heiligen Geist neue Menschen geworden (2. Kor. 5,17). Und noch mehr: Ihr, die ihr zum Glauben an Christus gekommen seid, seid auch mit dem Heiligen Geist versiegelt worden, Gott hat euch durch das Siegel des Heiligen Geistes mit Beschlag belegt, ihr gehört Ihm (Eph. 1,13-14), und – das ist nun das Entscheidende im Zusammenhang mit dem neutestamentlichen Priestertum - ihr seid alle mit dem Heiligen Geist gesalbt worden (2. Kor. 1,21-22; 1. Joh. 2,20). Darum seid ihr durch den Heiligen Geist befähigt, als Beter priesterlich vor Gott für eure Familien, eure Nachbarn, für eure Dörfer und Städte einzutreten. Ihr seid befähigt, als Zeugen prophetisch, als Mund Gottes, die Wohltaten dessen zu verkündigen, der euch berufen hat von der Finsternis zu seinem wunderbaren Licht. Ihr seid befähigt, im Namen Jesu königlich über die Macht der Finsternis zu siegen (Eph. 6,12).

Das Priestertum aller Gläubigen neu verwirklicht

Diese biblische Lehre und Herausforderung, das Priestertum aller Gläubigen zu verwirklichen, hat der Heilige Geist in den Erweckungsbewegungen in Indonesien wieder auf den Leuchter gestellt. Die vielen Evangeliumsmannschaften, Gebetsgruppen und Hauskreise sind Auswirkungen des Heiligen Geistes, um 1. Petrus 2,9-10 auch im 20. Jahrhundert zu verwirklichen.

Ein Team der ostafrikanischen Erweckungsbewegung diente 1963 in Indonesien. Sein Zeugnis inspirierte Lehrer und Studenten des Indonesischen Bibelinstituts in Batu, in der Praktikumszeit Evangeliumsteams zu bilden, deren Einsatz durch Gebetstage und Gebetsteams vorbereitet wurde. Gleichzeitig entstanden in der Stadt Malang zwei Gebetsgruppen, die regelmäßig für die Erweckung der oft sehr traditionellen und geistlich toten Kirchen auf den verschiedenen Inseln beteten. 1965 tat ein 10-köpfiges Team des Bibelinstituts Batu auf Einladung der Reformierten Kirche von Timor einen 6-wöchigen Evangelisationsdienst in vielen Gemeinden auf den Inseln Timor und Rote. Überall kamen Namenschristen zum lebendigen Glauben an Christus, und viele wurden von okkulten Bindungen frei. Kleine Feuer der Erweckung begannen zu brennen. Der Schlüssel war persönliche Seelsorge. Da das Team nur aus 10 Mitgliedern bestand, wurde nach der Evangelisation kein Aufruf, zur Entscheidung nach vorne zu kommen, gegeben.

Diejenigen, welche durch das Wort und den Heiligen Geist überführt waren und nach persönlichem Gespräch und Gebet verlangten, wurden aufgefordert, auf ihren Plätzen sitzen zu bleiben. Die Teammitglieder gingen dann zu denen, die zurückblieben, und arrangierten die praktischen Schritte zur persönlichen Seelsorge. Oft warteten Menschen lange, bis sie an der Reihe waren. Auf diese Art und Weise blieben die echt Verlangenden zurück. Nur die, welche durch den Geist Gottes überführt waren, widerstanden dem Sog, nach Hause zu gehen. So geschahen an jedem Ort tiefe Bekehrungen und wunderbare Befreiungen.

Der eigentliche Durchbruch geschah aber erst, nachdem das Team schon Timor verlassen hatte. Das Zeugnis eines jungen Mannes im Sonntagmorgen-Gottesdienst in der Kirche der Kreisstadt Soe, der in der Nacht zuvor durch seinen Pastor von okkulten Bindungen frei geworden war, hatte zur Folge, dass noch am selben Tag vor der Kirche ein großer Haufen von Zaubergegenständen und Zauberbüchern verbrannt wurde.

Dann war es die Abschiedsversammlung einer jungen Frau, Rektorin der Oberschule am Ort, die ihren Beruf aufgab, um sich als Missionarin ausbilden zu lassen; sie gebrauchte der Heilige Geist, um viele ihrer Schüler und Schülerinnen zur Hingabe ihres Lebens an Christus zu führen.

Danach bildeten sich unter den jungen Menschen und befreiten Gemeindegliedern spontan Evangelisationsmannschaften, welche in den umliegenden Orten unkompliziert und vollmächtig Zeugnis von ihrem neuen Leben in Christus ablegten.

Laienchristen, bereit für Gottes Stunde

In den Wochen darauf wurde ganz Indonesien durch den kommunistischen Staatsstreich erschüttert. Während der junge indonesische Staat durch die schwerste Krise seiner Geschichte ging, in deren Verlauf Hunderttausende von Menschen getötet wurden, war Gott in besonderer Weise auf Timor an der Arbeit, eine Ernte durch die Erweckungsteams einzubringen.

Bald waren über 150 Mannschaften im Einsatz, die jeweils zwischen 3 und 20 Glieder hatten. Die Art und Weise, wie viele dieser Mannschaften entstanden, ist aufschlussreich: Ein erweckter Christ, sei es ein Mann, eine Frau oder ein/e Jugendliche/r, spürt den Auftrag, ein Team ins Leben zu rufen. Er betet darüber und lässt sich von Gott die erweckten Christen zeigen, die Teammitglieder werden sollen. Daraufhin setzt er sich mit diesen in Verbindung und ein Team beginnt Gestalt anzunehmen. Der Dienst dieser Evangeliumsmannschaften hatte einen lokalen, landkreisweiten, inselweiten, ja indonesienweiten Radius. Es gab speziell auf Evangelisation ausgerichtete Teams, diakonische Teams mit Besuchsdiensten bei Kranken, Teams mit Schwerpunkt Befreiungsdienst von okkulten Bindungen, Belastungen und Besessenheiten, Missionsteams, die unerreichte Stämme, Inseln und Gebiete in Indonesien mit dem Evangelium erreichten, und seelsorgerliche Teams, welche Namenschristen und zurückgefallene Christen in persönlichen Gesprächen dienten. Daneben gab es besondere Frauenteams, die Frauen dienten, Jugendteams, die junge Leute evangelisierten, und sogar Kinderteams, die Kinderstunden abhielten. Das Charakteristische aller Teams war, dass ihre Dienste durch das weite Spektrum der neutestamentlichen Gnadengaben bestimmt waren, ohne dass in den ersten beiden Jahren der Erweckung Kontakte zu und Einflüsse durch pfingstliche oder charismatische Gruppen bestanden. Weiter zeichnete eine brennende Liebe und Hingabe an Jesus ihren Dienst aus, welche sie weite Reisen zu Fuß, per Lastwagen, per Segelboot und per Schiff zurücklegen ließ. Dabei standen sie in der ganzen Abhängigkeit von Gott, der sie nach Matthäus 6,33 mit allem Nötigen zum Leben und Reisen versorgte. Die Führung des Geistes spielte auch bei den Evangelisationsmannschaften eine große Rolle. Sie verbrachten viel Zeit im Gebet, um gewiss zu werden, in welche Gebiete, Einsatzorte und Inseln der Herr sie führen wollte. Durch ihren Dienst entstanden hin und her neue Evangeliumsmannschaften in vielen Gemeinden der reformierten Kirche von Timor und auch erweckte Gemeinschaften innerhalb der Gemeinden.

Laienchristen, Gottes Erntearbeiter für eine große Ernte

Im Sommer 1968 hatte ich einen 10-tägigen Lehrdienst für die leitenden Brüder und Schwestern der Erweckungsteams in der Kreisstadt Soe, wo im September 1965 der mächtige Durchbruch des Heiligen Geistes geschehen war. Über 500 waren von nah und fern gekommen und wurden alle von den Christenfamilien am Ort aufgenommen und verpflegt. Die beiden timoresischen Pfarrer am Ort hatten die Leitung. Ich musste acht Stunden am Tag unterrichten. Die Lehre vom Heiligen Geist, die Stellung der Frau nach dem Neuen Testament und Leitlinien im Befreiungsdienst von okkulten Bindungen und von Besessenheit sowie Buße, Bekehrungen und Wiedergeburt waren die Hauptthemen dieses Lehrdienstes. Pastor J.M.E. Daniel, der Superintendent des Kirchenkreises von Süd-Zentraltimor, hat in seinem Bericht über die Erweckung[3] angegeben, dass die Zahl der Christen in seinem Kirchenkreis sich im ersten Jahr von 100.000 auf 200.000 verdoppelt hätte. Dieser Zuwachs ist aber angezweifelt worden.[4] Die Auswirkung der Erweckung in Süd-Zentraltimor aber statistisch zu erfassen, stößt auf folgende Schwierigkeiten: Die meisten Gemeinden des Kirchenkreises Süd-Zentraltimor, dem Zentrum der Erweckung, führen keine Mitgliederlisten. Der Zuwachs der Gemeinden setzt sich zusammen aus bekehrten Animisten, aus bekehrten Kommunisten, die früher einmal Kirchenmitglieder waren, und ehemaligen Kommunisten, die nach der fehlgeschlagenen kommunistischen Revolution wieder unter dem Dach der Kirche Sicherheit suchten. Die größte Auswirkung der Erweckung ist aber statistisch überhaupt nicht zu erfassen, nämlich die Zehntausende von Namenschristen, welche zum lebendigen Glauben an Christus gekommen sind und durch ein verändertes Leben Zeugnis von der erfahrenen Wiedergeburt ablegen.

[3] Archiv des Kirchenkreises Soe, 1968

[4] George W. Peters, Indonesia Revival Focus on Timor, Grand Rapids 1973, S. 94-97

In dem erwähnten Bericht von Pastor J.M.E. Daniel weist er auch auf die Notwendigkeit eines weiter andauernden Wirkens des Heiligen Geistes hin: »Zu viele Gemeindeglieder haben sich noch nicht dem erneuernden Wirken des Heiligen Geistes geöffnet. Viele Älteste und Diakoninnen sind noch nicht wiedergeboren. Wir brauchen wiedergeborene Hirten und Evangelisten, da der überwiegende Teil der Gemeinden noch nicht das neue Leben in Christus erlebt.« Gott hat sich zu dieser klaren Schau bekannt und 30 Jahre Erweckung geschenkt. Die folgenden Zeugnisse sind mir schriftlich bei meinem Besuch in Timor 1995 gegeben worden.

Zeugnis von Joktan O. Taopan: »Der Heilige Geist führte uns dazu, Evangeliumsmannschaften zu bilden, um das Evangelium in die Dörfer zu tragen. Das geschah nicht auf menschliche Art und Weise. Derjenige, welcher den Auftrag des Heiligen Geistes spürte, betete, dass Gott ihm die Namen der Teammitglieder zeigen möchte. Wenn das geschah, waren diese ganz bereit, sich der Evangeliumsmannschaft anzuschließen. Auf diese Weise wurde ich Mitglied von der Evangeliumsmannschaft Nr.2, welche aus 9 Gliedern bestand. Mit mir zusammen war auch Mel Tari im selben Team, welches unter der Leitung einer Frau stand, die nicht lesen und schreiben konnte, aber die Gabe hatte, Gottes Stimme zu hören und Gottes Absicht zu sehen. Wir erlebten so wie in Apg. 2,17-21 viele Wunder und die Herrlichkeit des Herrn, so dass viele, die Seinen Namen anriefen, gerettet wurden. Ich musste Pastor J.M.E. Daniel, den Leiter des Kirchenkreises Soe und geistlichen Berater des Evangeliumsteams, um Vergebung bitten. Ich ging nach Hause . . . Am 15. Dezember hatte ich abends um 19.00 Uhr, nachdem ich müde von der Arbeit in unserem Garten nach Hause gekommen war, ein Erlebnis. Ich sah in einem Gesicht das Angesicht Jesu. Dreimal wiederholte sich das Gesicht. Erst beim 3. Mal sagte der Herr Jesus zu mir: ›Warte bis Juni und bete.‹ Ich wartete und betete bis Juni 1966, als zwei unbekannte Brüder von einem weit südlich gelegenen Dorf in unserem Haus vorsprachen und mir mitteilten, dass ich mich aufgrund der Führung des Herrn ihrem Team anschließen sollte. Es war das Team Nr. 49. Dieses Team gebrauchte der Herr in der

Dorfevangelisation. In jedem Dorf, in dem wir in den schon bestehenden Gemeinden ›Glaubensversammlungen‹ abhielten, kamen viele Namenschristen in die persönliche Seelsorge und erlebten Befreiung von okkulten Bindungen, wie magische Schwerter, Teller und Kannen, die als Zaubergegenstände verehrt wurden, und Götzen, die noch heimlich in Höhlen angebetet wurden. Viele Animisten bekehrten sich zu Christus, so dass die Gemeinde großen Zuwachs hatte.«

Zeugnis von J. Christiaan, Präsident des Kreistages des Landkreises Soe: »Das Team, in dem ich mitarbeitete, wurde wirklich von Gott gebraucht. Ich selbst wurde dabei verändert und wuchs im Glauben und im Verständnis von Gottes Wort. Ich erlebte aber auch, dass nicht alles, was Führung des Heiligen Geistes genannt wurde, wirklich Führung des Heiligen Geistes war. Das hatte Spannungen im Team zur Folge. Der Ausweg war persönliches und gemeinsames Gebet. Unser Dienst, an dem ich teilhaben konnte, bestand aus Wortverkündigung mit anschließender Seelsorge und Befreiung von okkulten Bindungen; er bestand auch aus Heilungsgebet für Kranke, wobei einige im Team die Gabe hatten, Sünden und geheimen Götzendienst aufzudecken. Wie gesagt, ›die direkte Führung des Herrn‹ war das Problem (sie konnte ja falsch sein), denn das Bezeugen der direkten Führung durch den Herrn machte Eindruck in den besuchten Gemeinden, während auf die Gabe des Lehrens und Ermahnens weniger Wert gelegt wurde. Aber trotzdem durfte unser Dienst bei vielen Menschen offensichtliche Lebensveränderungen bewirken. Ich möchte als Augenzeuge folgende Ereignisse bezeugen: Die Kraft des Wortes Gottes veränderte das Leben der jungen Menschen in Soe. Pornomagazine wurden verbrannt, ebenso viele Amulette. Zusammen mit ihren Lehrern bildeten sie Evangeliumsteams und waren wochenlang unterwegs. Das war möglich, da in jenen Monaten das Schuljahr umgestellt wurde. Kranke im Krankenhaus wurden unter Gebet gesund. Das Kreisgefängnis wurde leerer. Trunkenheit und Verbrechen nahmen drastisch ab. Als Vertreter der Regierung staunte ich.«

Zeugnis von Johana E. Neonufa: »Gott rief mich in seinen Dienst durch das Zeugnis von Priscilla Timliu und Esther Manu. (Diese beiden jungen Frauen gaben ihre Position als Rektorin und Lehrerin auf, weil Gott sie in die Mission rief. Beide stehen, inzwischen verheiratet, seit vielen Jahren im Missionsdienst in Indien und Griechenland.)

Das Evangeliumsteam, dem ich mich anschloss, bestehend aus 8 Personen, unter ihnen drei Lehrer und Lehrerinnen, hatte die Nr. 47 und einen älteren Bruder als geistlichen Berater. Wir waren drei Monate unterwegs. Wir hatten einen kleinen Chor gebildet und verkündigten von Ort zu Ort das Evangelium durch Lied, Zeugnis und Wortauslegung.

Immer wieder beteten wir als Team auch für die Kranken und erlebten, wie Gott Heilung schenkte. Allerdings ging persönliche Seelsorge und Sündenbekenntnis voraus. Wir dienten Christen und Nichtchristen. Dann mussten wir wegen der Schule und des Studiums nach Soe zurückkehren.

Heute liebe ich den Herrn Jesus noch immer sehr. Ich bin Lehrerin, verheiratet und mein Mann und ich erziehen 5 Kinder, die Gott uns anvertraut hat, dass auch sie den Herrn lieben lernen. In unserer freien Zeit und in den Ferien dienen wir dem Herrn durch persönliche Seelsorge, besonders Gebet für Ehepaare, die keine Kinder haben, Wortauslegung in den Gebetsgruppen und Evangelisation. In unserer Nachbarschaft gibt es viele erweckte Christen, die sich regelmäßig in Gebetsgruppen sammeln.

Wichtig ist aber auch die tägliche Buße und Erneuerung (2. Kor. 4,16), so wie ich es im Alltag erfahre: Ich weise eines meiner Kinder im Zorn zurecht. Nachts kann ich nicht schlafen. Ich muss es mit Jesus und mit meinem Kind in Ordnung bringen. Dann ist der Friede Christi da und ich kann gut schlafen. Mir ist es ein Anliegen, dass der Heilige Geist mich überführt und leitet, dass ich mit allen Menschen Frieden habe.«

Laienchristen schreiben eine kleine »Apostelgeschichte«

Vor mir liegt ein 14-seitiger Bericht eines timoresischen Christen, der die Erweckung von Anfang an miterlebte und noch heute nach über 30 Jahren als Laie im evangelistischen Dienst steht. Für einen, der die im Bericht erwähnten Orte, Inseln und Kirchen in einem Radius von über 3.500 km (Indonesien misst vom Westen nach Osten 5.200 km) kennt, lesen sich diese Seiten wie eine kleine Apostelgeschichte. Ich greife einige Teile heraus.

»Mit unserem Team dienten wir in der Provinzhauptstadt Kupang von Gemeinde zu Gemeinde. Es gab viel Widerstand. Aber viele junge Leute erfuhren das Wirken des Heiligen Geistes, wurden erneuert und dienen bis heute (!) dem Herrn mit den Gaben des Heiligen Geistes, die sie empfangen haben . . .

Wir dienten einem Fischerdorf mit dem Evangelium. Wir beteten mit vier Fischern für einen guten Fischzug. Nach einer halben Stunde kamen sie mit 140 großen Fischen im Netz zurück und priesen den Herrn. Das hatten sie in ihrem Fischerleben noch nicht erlebt . . .

An einem Ort bekehrten sich 31 Animisten. Wir wurden beim Polizeichef mit falschen Anschuldigungen verklagt. Der belegte uns mit schmutzigen Worten, nahm uns die Papiere ab und hielt uns zwei Wochen fest. Dann geschah das Erschütternde: Sein Sohn, der in Kupang zur Schule ging, verstarb ganz plötzlich. Er gab uns die Papiere zurück und wir konnten gehen . . .

Auf der Insel Sumba arbeiteten wir 2 ½ Monate unter Nichtchristen. 166 bekehrten sich. Der Schlüssel war die Heilung eines Lahmen, der schon vier Mal im Krankenhaus war und als unheilbar entlassen worden war . . .

Mit zwei anderen Brüdern aus Soe kam ich nach einer langen, abenteuerlichen Reise im Inneren der Insel Kalimantan an, wo Flüsse die einzigen Verkehrswege sind. Die Missionare des W.E.C. brauchten unbedingt Hilfe, denn sie hatten aus 20 Dörfern Einladungen, weil diese Christen werden wollten. Zwei Jahre halfen wir ihnen, die Ernte einzubringen. Wir lernten aber zunächst Sprache und Kultur und erforschten, welche Götzen, Geister und Dämonen sie anbeteten und welche Zaubergegenstände und Amulette sie gebrauchten.

Auf der Insel Sabu erlebten Namenschristen tiefe Bekehrungen und wurden von Alkohol und okkulten Praktiken frei. Heute gibt es dort noch viele Gebetsgruppen, die segensreich in ihre Gemeinden hineinwirken . . .

Zurück in Timor erlebten wir das Wunder, dass in einem Gebiet 20 Zauberer, die im Geheimen Menschenfleisch essen, ihrer Zauberkunst absagten und treue Nachfolger Jesu wurden . . .

1989 führte unser Team Evangelisationen in Jakarta und Westjawa durch. 43 Leute kamen aus dem Buddhismus und Hinduismus zum Glauben an Jesus Christus. Nach Gebet heilte der Herr bei diesen Evangelisationen einen Lahmen, einen Blinden, einen Verrückten und einen Tauben . . .

In der Stadt Bandung trafen wir auf einen Atheisten. Nachdem wir ihm mit dem Evangelium gedient hatten, nahm er Jesus als Herrn und Erlöser auf. Es stellte sich heraus, dass er Professor an der Medizinischen Fakultät war und ein bekannter Arzt für Gehirnchirurgie. Er selbst litt unter fünf Krankheiten mit Komplikationen. Nachdem er Jesus in seinem Leben aufgenommen hatte, beteten wir für seine Heilung. Der Herr tat das Wunder und der Professor pries Gott im Namen Jesu Christi . . .«

Die Teamarbeit der ersten Apostel

Wir kommen zur Geschichte der ersten Apostel zurück. Auch dort zieht sich der Dienst in Teams wie ein roter Faden durch die Kapitel. Es ist ein Dienst der gemeinsamen Verkündigung der Frohen Botschaft, ein Dienst an Kranken und dämonisch Belasteten, ein Dienst der Gemeindegründung und des Gemeindeaufbaus, ein Dienst in Anfechtungen, Verfolgungen, Leiden und Lebensgefahr.

In einer Zeit der frommen Selbstverwirklichung im Dienst und der eigenen geistlichen Profilierung ist es nötig, den Dienst in apostolischen Teams und in apostolischer Vollmacht, verbunden mit apostolischer Demut und Leidensbereitschaft, neu zu entdecken.

Vollmächtiger Dienst in Teams setzt auch heute gegenseitige Annahme als Brüder und Schwestern voraus, die aus der täglichen Vergebung leben. Vollmächtiger Dienst in Teams gründet sich auf die Ausrüstung mit Gnadengaben, die in der gegenseitigen Ergänzung zum Tragen kommen und darum ein Miteinander ohne Neid und menschliches Vergleichen voraussetzen. Vollmächtiger Dienst in Teams spiegelt etwas von der Einheit der göttlichen Dreieinigkeit wider, die sich im neutestamentlichen Priestertum aller Gläubigen verherrlichen möchte.

Petrus und Johannes dienten in Einfachheit und Vollmacht dem Lahmen an der Tempeltür in Jerusalem. Der Ältere zusammen mit dem Jüngeren. Das erste apostolische Team zeichnet sich ab. Zusammen im Gefängnis und zusammen vor dem Hohen Rat. Beiden wird Freimut bescheinigt und dass sie ungelehrte und einfache Leute waren (Apg. 3,1-11; 4,1-13).

Das zweite apostolische Team oder auch Missionsteam wurde durch den Heiligen Geist selbst bestimmt, als die Ältesten in Antiochia fasteten und beteten. Zu Paulus und Barnabas kam Johannes Markus als Gehilfe dazu, der aber bald - aus welchen Gründen auch immer - das Team verließ. Konfrontation mit dämonischen Mächten auf der Insel Zypern, eine ganze Stadt hört der Verkündigung des Evangeliums zu (Pisidien) und verheerender Widerstand und Verfolgung von Seiten der Juden waren die besonderen Erfahrungen der ersten Missionsreise. Beim Aufbruch zur 2. Missionsreise spaltete sich leider das Team, weil Paulus den enttäuschenden Markus nicht mitnehmen wollte, während Barnabas ihm eine Chance der Bewährung geben wollte. Paulus baute sein neues Team mit Silas oder Silvanus auf, zu dem auf der zweiten Reise Timotheus (Apg. 16,1-3) und Lukas (Apg. 16,10) stoßen, die einen besonderen Beitrag ins Team brachten.

Vor dem Apostelkonzil in Jerusalem gewinnt Paulus den Heidenchristen Titus als wichtigen Mitarbeiter (Gal. 2,1+3). Als Paulus von Korinth aufbricht, reist ein neues Mitarbeiterehepaar mit ihm zusammen nach Ephesus, Aquilla und Priszilla, das er in Ephesus zum Missionsdienst zurücklässt (Apg. 18,2-16).

Acht weitere Mitarbeiter des Paulus müssen noch genannt werden: Epaphras (Kol. 1,7; 4,12); Philemon (23); Epaphroditus (Phil. 2,25); Erastus (Apg. 19,22); Tychikus (Apg. 20,4; Kol. 4,7; 2. Tim. 4,12; Tit. 3,12); Demas (Kol. 4,14; 2. Tim. 4,10); Aristarchus (Kol. 4,10); Trophimus (2. Tim. 4,20) und Kreszens (2. Tim. 4,10).

Für Paulus war das Team Mitarbeiterschulung, Mitarbeiterstärkung und Mitarbeiterbewährung. Paulus und Barnabas verkündigten und litten zusammen (Apg. 13,50b; 14,5-7+19-22), gründeten Gemeinden zusammen (Apg. 14,23). Paulus und Silas stärkten sich gegenseitig im Gefängnis (Apg. 16,25). Timotheus und Silas tun gemeinsam Nacharbeit (Apg. 17,15). Paulus möchte nicht als einzelner Missionar seinen Dienst tun (Apg. 17,14). In Athen ist er gezwungen, allein das Evangelium zu verkünden (Apg. 17,16+32-34). Nach den schwierigen Erfahrungen in Athen wartet er in Korinth auf die Ankunft des Silas und Timotheus, bevor er beginnt, offen das Evangelium zu verkündigen (Apg. 18,5). Mit Timotheus verband Paulus eine tiefe geistliche Gemeinschaft (1. Tim. 2 und 2. Tim. 1,4; 2,1) und Timotheus war ihm oft Stärkung und Trost (2. Tim. 4,9-10). Epaphras brachte ins Team die Gabe des Hirtendienstes, Epaphroditus bewährte sich im diakonischen Dienst, ebenso Erastus; Aquilla und Priszilla waren ein einzigartiges Missionsehepaar, das in Ephesus und Rom Gemeinden gründete, die aus verschiedenen Nationalitäten bestanden. Welches nun die besondere Gnadengabe war, welche Timotheus im Team anvertraut war, ist nicht deutlich. Es lag aber Paulus daran, dass er in der Kraft dieser Gabe diente.

Dieses kleine Studium der apostolischen Teams in der Apostelgeschichte zeigt uns die Tiefe der geistlichen Gemeinschaft, die Tiefe der gegenseitigen Achtung und die Tiefe der ergänzenden Abhängigkeit im Dienst.

II. Durch Leiden geläutert

Verfolgung der ersten Gemeinde

Ein Blick zurück in die Anfänge der Gemeinde zeigt uns, dass Gott Leiden und Verfolgung zur Ausbreitung und Vertiefung des Glaubenslebens der ersten Christen gebraucht hat. Denn über die junge Christengemeinde in Jerusalem brach die erste Verfolgung herein, ausgelöst durch das mutige Zeugnis des Stephanus. »Sie stießen ihn zur Stadt hinaus und steinigten ihn. Der rief den Herrn an und sprach: ›Herr Jesus, nimm meinen Geist auf!‹ Und er fiel auf die Knie und schrie laut: ›Herr, rechne ihnen diese Sünde nicht zu.‹ Als er das gesagt hatte, verschied er. Saulus aber hatte Gefallen an seinem Tode. Es erhob sich aber an diesem Tage eine Verfolgung über die Gemeinde in Jerusalem. Da zerstreuten sich alle in die Länder Judäa und Samarien, außer den Aposteln. Die nun zerstreut worden waren, zogen umher und predigten das Evangelium.« (Apg. 7,58-60; 8,1+4)

Wir begegnen hier einer Segensspur der Erweckung, die mit dem Sterben und Auferstehen von Jesus Christus begann. Er war bereit, als Weizenkorn in die Erde zu fallen und zu sterben. Der Ostermorgen, seine Auferstehung, wurde zum Anfang einer gewaltigen Erweckung. Unzählige sind Ihm auf dem Weg des Leidens und Sterbens gefolgt: »Wer mir dienen will, der folge mir nach; und wo ich bin, da soll mein Diener sein« (Joh. 12,26). Ihr Leben wurde zu Weizenkörnern, die viel Frucht brachten (Joh. 12,24). Zwischen dem Weizenkorn »Stephanus«, das in die Erde fiel, und der Bekehrung des Paulus, dem Werkzeug Gottes für die Völkerwelt, besteht ein tiefer Zusammenhang. Ebenso brachte die große Verfolgung in Jerusalem viele Christen auf den Weg des Leidens. Sie mussten Jerusalem verlassen und predigten nun in Judäa und Samaria das Evangelium, unter ihnen Philippus, dem das Volk einmütig zuhörte, und es sah die Zeichen, die er tat. »Denn die unreinen Geister fuhren aus mit großem Geschrei aus vielen Besessenen, auch viele Gelähmte und Verkrüppelte wurden gesund gemacht; und es entstand große Freude in der Stadt« (Apg. 8,7-8).

Afrikanisches Leiden

Erweckungsbewegungen stehen oft in engem Zusammenhang mit Leid und Verfolgung. Die Not des Flüchtlingselends in Afrika kam durch das Fernsehen hautnah in unsere Wohnzimmer. In den Flüchtlingslagern und in den Flüchtlingstrecks zwischen den Krieg führenden Parteien befanden sich Hunderttausende von Christen, in Ruanda, Uganda, Burundi, Sudan und Kongo – wird aus ihrem Leidensweg eine geistliche Erweckung hervorgehen? Die Saat ist gesät.

Dies Beispiel steht für viele: In einer Kirche hatten sich Hunderte von Hutu-Christen und Tutsi-Christen zum gemeinsamen Gottesdienst versammelt, mitten im Bürgerkrieg zwischen dem Volk der Hutus und dem Volk der Tutsis. Eine Gruppe von Tutsi-Soldaten betritt die Kirche und befiehlt allen Tutsis, die Kirche sofort zu verlassen. Keiner steht auf. Der Befehl wird wiederholt. Wieder rührt sich keiner. »Dann kommt ihr alle zusammen um. Wir eröffnen sofort das Feuer.« Tutsi-Christen und Hutu-Christen starben zusammen, keiner blieb am Leben. In einem Massengrab wurden sie zusammen begraben. Sie haben durch ihren gemeinsamen Tod bezeugt, dass die Liebe Christi stärker ist als Stammesbande und Todesangst und dass die Gemeinschaft der weltweiten Gemeinde Jesu Christi nicht durch den endzeitlichen Hass der Völker überwunden werden kann.

Stärker als Hass

Der Tod Tausender Christen in Ruanda und Burundi war der Hintergrund einer großen Versöhnungskonferenz für Erweckung, die vom 10.–14. September 1997 in Gahini stattfand. Gahini ist der

Ort, wo vor 65 Jahren Afrikaner und Europäer erstmals gemeinsam über ihren Rassen- und Stammesstolz Buße getan hatten. Das Zeugnis von dieser neuen Gemeinschaft brachte Erweckung in viele Länder der Welt. Es ist das Herz der Ostafrikanischen Erweckung.

»Es wird als ein Wunder bezeichnet, dass in der kurzen Vorbereitungszeit von nur vier Monaten diese Konferenz möglich wurde. 3000 Übernachtungsmöglichkeiten wurden in UN-Zelten und Internatsräumen geschaffen. Es waren mehr gespendete Lebensmittel vorhanden, als gebraucht wurden. 5000 Zuhörer des Schlussgottesdienstes saßen im Schatten unter provisorischen Sonnendächern.«

Einer der sechs deutschen Teilnehmer, Pfarrer Dr. Wolfgang Reinhardt, Bad Salzuflen, schrieb: »Gottes Treue hat mich neu erwärmt, als ich sah, dass Hutus und Tutsis einander um Vergebung baten und sich umarmten. Es waren mehr als 20 Bischöfe aus Ostafrika anwesend. Ich liebe diese Kirchenleiter, die so unterschiedlich waren und trotzdem ihre persönlichen Glaubenszeugnisse weitergaben, aber auch von ihren Nöten berichteten. Ich wünsche, dass der Geist Gottes uns in Deutschland bei unseren Kirchentagen so vitale Bekenntnisse gibt.«[5]

Über Leiden und Verfolgung als Element der Erweckung im sicheren Umfeld von Westeuropa nachzudenken, lässt dies Unterfangen zunächst als anmaßend und unaufrichtig erscheinen. Zeichen deuten allerdings darauf hin, dass Christen in nicht allzu ferner Zeit auch in Westeuropa um ihres Glaubens willen verfolgt werden können. Darum hat das Verstehen dieses Elementes der Erweckung für Christen heute eine wichtige Bedeutung.

Eine weitere ist die dringliche Aufforderung, sich über Leiden und Verfolgung der Christen in der Welt zu informieren und intensiven Aufruf zur Fürbitte daraus abzuleiten.

Als Flüchtlinge unterwegs – und doch Freudenbringer!

[5] Wolfgang Heiner, »Partner in Mission«, Nr. 108, 3/97

Verfolgung in Indonesien

In Asien hat Gott in den letzten 30 Jahren zwei Erweckungsbewegungen mitten in Leid, Verfolgung und großem politischen Druck sowie politischem Durcheinander und Blutvergießen entstehen lassen: die Erweckungsbewegung in China und die in Indonesien.

Indonesien gestern: Trauma und Erweckung

Die Machtergreifung der Kommunisten in Jakarta war 1965 fehlgeschlagen. Überall auf der Inselwelt hatten die Kommunisten Vorbereitungen getroffen, politische Gegner und religiöse Führer – Muslime und Christen – im Durcheinander der ersten Tage der ausgerufenen Revolution umzubringen. Die Vorbereitungen, unter anderem die Namenslisten, wurden entdeckt. Die Muslime riefen den heiligen Krieg gegen die Kommunisten aus, die in Jakarta fast die gesamte Armeeführung umgebracht hatten. Ein großes Blutvergießen ging durch das Land. Zehntausende von Kommunisten wurden durch die Muslime getötet. Die christlichen Gemeinden waren wie kleine Inseln des Friedens im Meer des Hasses und des Blutvergießens. Nachdem die Armee die Ordnung im Lande wieder hergestellt hatte, kamen überall die Menschen von selbst in die Kirchen. Denn die Christen hatten nicht an der Rache der Kommunisten teilgenommen, obwohl ihre Namen auch auf den Listen gestanden hatten. Überall, wo das Evangelium klar verkündigt wurde, kamen viele zum lebendigen Glauben an Christus.

Auf der Insel Timor war damals die Erweckungsbewegung, über die weltweit berichtet worden ist, in vollem Gange. Bald waren die Erweckungsteams von Timor in vielen Teilen Indonesiens im Einsatz. Theologische Ausbildungsstätten, wie das Bibelinstitut in Batu, mussten ihre Semester unterbrechen, um gemeinsam mit Lehrern und Studenten ihren Beitrag im Einbringen der Ernte zu geben. Bis heute wird in Indonesien an die Großstadtevangelisation des Bibelinstituts in Bandung erinnert. Zehntausende kamen allabendlich in die Pferderennbahn. Durch eine intensive Nacharbeit sind unzählige Bekehrte zu Mitarbeitern in den Gemeinden geworden und sind in den vollzeitlichen Dienst gegangen. Dieser geistliche Aufbruch erfasste in den 70er und 80er Jahren die Großstädte Indonesiens und bewirkte erstaunliches Gemeindewachstum, besonders durch die Hunderte von Gebets- und Hauskreisen.

Indonesien heute: Brennende Kirchen und Zusammenrücken der Christen

Heute ist nun eine neue Leidens- und Verfolgungszeit über die Christen in Indonesien - besonders in den Städten - hereingebrochen. Fast 400 Kirchen sind in den Jahren 1996 und 1997 zerstört worden und auch 1998 vergeht keine Woche, wo nicht irgendwo eine Kirche angezündet wird. Ausführende sind fundamentalistische Muslime. In dieser Verfolgungszeit rücken die Christen eng zusammen. In einer Großstadt Ostjavas waren elf Kirchen an einem Sonntagmorgen zerstört worden. Da riefen alle Denominationen der Stadt zu einer gemeinsamen Gebets- und Fastenwoche auf. Diese wurde mit einer Großveranstaltung abgeschlossen, bei der eine erstaunliche Kollekte für den Wiederaufbau zusammengelegt wurde. Danach bauten sie alle zusammen - Bataks und Chinesen, Javaner und Ambonesen, Lutheraner und Pfingstler, Baptisten und Reformierte - eine Kirche nach der anderen wieder auf. Ein Zeugnis, das Aufsehen erregte!

Die größte Erweckung im bevölkerungsreichsten Staat der Welt - China

Der geistliche Aufbruch, der heute in China geschieht, ist wohl die gewaltigste Erweckung, die jemals in der Kirchen- und Missionsgeschichte stattgefunden hat. Sie ist eine Erweckung in Leiden und Verfolgung für einen großen Teil der Gemeinde Christi, besonders in den Anfangsjahren 1982–1984. Aber auch heute brechen immer wieder Verfolgungs- und Verhaftungswellen über die Gemeinden herein. Das wechselt von Provinz zu Provinz. Andere Teile der Gemeinde erleben Perioden des ungehinderten Wachstums.

Erweckung ohne staatliche Hindernisse

»Pray for China Fellowship«, das Blatt der OMF International vom Oktober 1996 berichtet über eine Gemeinde in Jiangsu:

In dieser Reisprovinz im Osten Chinas mit einer Einwohnerzahl von 67 Millionen wächst und gedeiht die Gemeinde Jesu. Die Hauptstadt, Nanjing, ist der Sitz der größten Theologischen Hochschule Chinas sowie der Amity Press, die im Jahr 1996 3,3 und 1997 5 Millionen Bibeln druckte. Seit der Einrichtung der Druckerei im Jahre 1987 sind über 15 Millionen Bibeln gedruckt worden. Veröffentlichten Statistiken zufolge waren Ende 1995 mindestens 809.000 protestantische Christen in Jiangsu registriert. Seit 1949 ist die Kirche achtzehnfach gewachsen und in den letzten 20 Jahren seit der Kulturrevolution fünfzehnfach. Diese Zahlen kommen vom Chinesischen Kirchenrat der Provinz. Die vielen Christen der »unregistrierten« Hauskirchen sind dabei nicht berücksichtigt. Es ist durchaus möglich, dass die Gesamtzahl der gläubigen Christen in der Provinz 2 Millionen beträgt. Die riesige Anzahl Neubekehrter in Jiangsu überbeansprucht die Kapazität des Kirchenrates. In der gesamten Provinz gab es im Jahr 1995 nur 104 Pastoren – das bedeutet, ein Pastor ist durchschnittlich für 9.000 Christen verantwortlich.

In den letzten fünfzehn Jahren sind ungefähr 5.200 Laien geschult worden. Die meisten von ihnen sind unter 50 Jahre alt. Den älteren Pastoren wird nahe gelegt, mit 70 Jahren in den Ruhestand zu gehen, und der Kirchenrat in Jiangsu hofft, dass in den nächsten fünf Jahren jüngere Geistliche in allen Gemeinden die Leitung übernehmen. In einer kommunistisch-atheistischen Diktatur gibt es selbstverständlich nicht die absolute Freiheit, deren wir uns im Westen erfreuen. Jedoch gibt es für Millionen von Christen eine

»relative Freiheit« (besonders für jene in den registrierten Kirchen). Sie dürfen ihren Glauben an Jesus Christus ausleben und Gott im Rahmen einer Ortsgemeinde anbeten und ihm dienen. Ich sage »relativ«, weil die chinesische Verfassung religiöse Freiheit zwar einräumt, jedoch mit Hilfe gewisser Gesetze Straßenversammlungen, Evangelisation (= Proselytenmacherei) und Literaturverteilung einschränkt oder ganz verbietet. Aufgrund dieser Gesetze haben die Behörden die Handhabe, Christen (und Mitglieder anderer Religionsgemeinschaften) wegen Gesetzesbruch gerichtlich zu belangen. Die Christen werden demnach nicht wegen ihres Glaubens verfolgt, sondern es wird »Gesetzesbruch« geahndet. Wo es gerichtliche Ahndungen oder Verfolgungen gibt, sind diese hauptsächlich gegen Christen in den nicht registrierten Gruppen gerichtet, die als Hauskirchen bekannt sind und deren Leiter glauben, dass gewisse staatliche Gesetze mit den höheren göttlichen Gesetzen in Konflikt geraten.

Erweckung unter staatlicher Verfolgung

Im Unterschied zu obigem Bericht gibt es eine erschütternde und zugleich Mut machende Dokumentation über Erweckung inmitten von Verfolgung und Gefängnissen, aufgeschrieben von Evangelist Danyun und in Hongkong aus dem Chinesischen übersetzt. Es ist gut, einige aufschlussreiche Informationen über den Autor vorauszuschicken. Wir entnehmen sie Danyuns acht Manuskripten, die unter dem Titel »Aufbruch im Reich der Mitte« 1994 in Wiesbaden in deutscher Sprache erschienen sind.

Gottes Botschafter für die verfolgte Gemeinde - Danyun

Als kleiner Junge hatte er auf dem Schoß des Urgroßvaters gesessen, der zu den ersten Christen der Provinz Zhejiang gehörte, die durch Missionare der China Inland Mission zum Glauben gekommen waren. Er durfte heute sehen, was seine Väter damals geglaubt hatten. Heute war es wirklich so, dass der Glaube an Jesus große

Teile des chinesischen Volkes erschütterte, veränderte und heilte. Er empfindet es als ein Vorrecht, in dieser Generation leben zu dürfen. Allein zu den Hauskirchen in Zhejiang zählten, so schätzt er, mehrere hunderttausend Christen, die voll Liebe zu Jesus waren und in alle Provinzen Chinas ausströmten, um die Flammen des Heiligen Geistes zu entfachen. Und diese Erweckung beschränkte sich keineswegs auf Zhejiang. Einige Jahre zuvor waren erste Kontakte zu den Hauskirchen in der Nachbarprovinz Henan entstanden, und man war begeistert, als sich herausstellte, dass dort mindestens ebenso viele Christen lebten wie in Zhejiang, die genauso Gottes Wirken erlebten und deren Gemeinden ebenfalls immer größer wurden. Zusammen mit einigen weiteren Pastoren waren sie in die anderen Nachbarprovinzen gereist, und auch dort konnten sie überall ähnliche, schnell wachsende Hauskirchen finden. Es war atemberaubend zu sehen, was Gott in wenigen Jahren getan hatte, obwohl die politische Lage so gefährlich und - wie es schien - hinderlich war für den Glauben.

Damals war Danyun von seiner Gemeinde ausgesandt worden, um mit den Hauskirchen anderer Provinzen zusammenzuarbeiten, damit diese sich ergänzen, austauschen und einander helfen konnten. Es waren anstrengende Jahre gewesen, in denen er viel unterwegs gewesen war und selten Ruhe hatte, immer mit Verhaftung rechnen musste und wenig Zeit für seine Familie blieb. Aber es war auch eine atemberaubend schöne, spannende Zeit gewesen. Was könnte schöner sein, als Augenzeuge einer gewaltigen Erweckung im eigenen Land zu sein? In jenen Jahren war sein Wunsch entstanden, die Dinge, die er sah und hörte, aufzuschreiben, um diese Ermutigung auch anderen Christen mitteilen zu können.

Und nun, vor einem halben Jahr, hatte er sich noch einmal auf den Weg gemacht, obwohl er eigentlich nicht mehr hatte reisen wollen. Aber seine Gemeinde hatte ihn freigestellt, weil sie dieses Projekt für wichtig hielt. Er hatte noch einmal die Dörfer, die Gemeinden und Familien aufgesucht, die er in den Jahren seines Reisedienstes kennen gelernt hatte, und dieses Mal hatte er noch mehr nachgefragt, noch gründlicher zugehört und dann alles aufgeschrieben, was die Menschen ihm zu berichten hatten. Welch ein Schatz!

Hunderte von Blättern, eng beschrieben, in eiligen, kleinen Schriftzeichen, Lebensgeschichten von Menschen, die kaum jemand kennt, die aber eine innige Beziehung zu Jesus haben und die seine Kraft und Realität erleben - darunter die Geschichte der jungen Sheng. Seinen Aufzeichnungen entnehmen wir die folgenden Berichte.

Wachsende Hausgemeinden senden jugendliche Evangelisten aus - darunter die junge Sheng

Unbeeinflusst von der Unterdrückung, die von offizieller Seite aus gegen die Christen erging, erlebten die chinesischen Hausgemeinden in den Monaten zwischen Ende 1981 und Frühjahr 1982 eine besondere Zeit des Segens und der Erweckung. Die Suche und Sehnsucht nach Gott erfasste zuerst die Christen, dann ihre Umgebung. Laufend kamen neue Menschen zu den Gemeinden, die auch Jesus kennen lernen wollten. Die Gemeinden begannen, aus allen Nähten zu platzen. Gegen Ende der Frühlingsferien kamen einige Abgesandte aus Gemeinden eines anderen Gebietes. Sie hatten eine dringende Bitte: »Unsere Zahl der Gläubigen ist stark gestiegen, und es sind viele neue Christen dabei, die nur wenig über Jesus wissen und dringend Belehrung und Seelsorge brauchen. Bitte, könntet ihr uns nicht einige Leute ausleihen?« Daraufhin wurden einige spezielle Gebetstreffen einberufen, um für diese Angelegenheit Gottes Willen zu erfahren. Die Gemeinde wählte dann fünf junge Männer und acht Frauen und Mädchen aus, die aus den Hausgemeinden der Stadt »F« und des umliegenden Bezirks »G« kamen. Sie waren alle zwischen fünfzehn und zwanzig Jahren alt. Unter ihnen war auch Sheng, die mit ihren inzwischen achtzehn Jahren zu den Älteren zählte.

Nach einem letzten Gebet, Segensworten, Ermahnungen, herzlichen Wünschen und Verabschiedungen zog die kleine Gruppe los.

Evangelisation in kleinen Teams

Wie sie es schon zu Hause in der Gemeinde geplant hatten, trennten sie sich nun und gingen, ohne viele Worte zu verlieren, in fünf verschiedenen Gruppen los. Zunächst gingen sie von Haus zu Haus, klopften oder klingelten und erzählten den Menschen, die sie antrafen, von Jesus. So durchkämmten die Teams mehrere benachbarte Ortschaften.

Gegen Abend des zweiten Tages, als alle Teams müde waren und die Gruppe für sich beschlossen hatte, nun eine Pause einzulegen und an diesem Tag nicht mehr weiter zu evangelisieren, da trafen sich plötzlich alle Teams an dem gleichen Platz am Rande eines Dorfes. Dieses Treffen war vollkommen ungeplant und umso schöner. Welch eine Freude, als ein Team nach dem anderen aus den verschiedenen Richtungen auftauchte. Wie liebevoll der Heilige Geist das arrangiert hatte! Es begann eine rege Zeit des Erzählens. Wie viel sie doch in diesen eineinhalb Tagen schon erlebt hatten! Viele berichteten, wie die Leute während der Gespräche, die sie mit ihnen geführt hatten, Jesus als Herrn angenommen und an ihn zu glauben begonnen hatten. Jede der Geschichten löste leisen Jubel aus. Andere erzählten, wie man sie verspottete und nicht angehört hatte. Da sie alle noch so jung waren und zum ersten Mal an einem Einsatz dieser Art teilnahmen, hatten sie auch durchaus ihre Schwierigkeiten, mit den abweisenden, feindseligen Reaktionen der Leute umzugehen.

Ein stummer Junge redet - Bruder Gui

So ermutigten sie sich gegenseitig, bis sich alle wieder sicher waren, dass sie unter dem Schutz und der Geborgenheit Gottes standen. Nach einer ruhigen, erholsamen Nacht gingen sie am nächsten Morgen wieder als Kleingruppen an die Arbeit, durchzogen die Ortschaften und erzählten den Menschen von Jesus. Ein älterer Herr zupfte Bruder Gui schüchtern am Ärmel. »Entschuldigen Sie bitte, darf ich Sie einen Moment stören?« Und der Mann erzählte, dass sein jüngster Sohn unheilbar krank sei. Ob der Gott der Besucher da wohl helfen könne? Bruder Gui hörte sich die Geschichte an. Es handelte sich um einen zehnjährigen Jungen, der vor einigen Jahren Hirnhautentzündung gehabt hatte. Seither war er schwer behindert. Er gab ständig seltsame Laute von sich, weinte sehr viel und niemand konnte ihn verstehen, wenn er zu sprechen versuchte.

Die Christen wurden von Gottes Barmherzigkeit ergriffen, während sie dem verzweifelten Vater zuhörten. Sie gingen mit ihm nach Hause und erzählten der ganzen Familie von Jesus und erklärten, wie man Christ werden kann. Alle Zuhörer machten den Schritt, glaubten an Jesus, und die Christen beteten mit ihnen. Dann bat die Familie darum, doch auch für ihr krankes Kind zu beten. Der Junge wurde zu Bruder Gui gebracht. Dieser legte seine Hände auf den Kopf des Kindes und sagte schlicht, aber voller Glauben: »Im Namen Jesu von Nazareth befehlen wir dir, zu sprechen!« Im selben Moment riss sich der Junge von ihm los, rannte aus dem Zimmer und hinaus ins Freie. Er rannte einmal um den Hof, dann kam er wieder herein, ging auf Bruder Gui zu, blieb vor ihm stehen, sah ihn klar und fest an und sagte mit schöner heller Stimme: »Onkel, wie geht es Ihnen? Gelobt sei Gott!«

Minuten später stand das ganze Dorf Kopf. Alle wollten mehr über diesen Gott erfahren, der das getan hatte. Noch am selben Tag kamen viele Menschen zum Glauben an Jesus. Die ganze Umgebung wurde aufmerksam. Wohin die jungen Leute auch gingen, sie wurden herzlich willkommen geheißen. Wo es in anderen Dörfern schon Christen gab, kamen sie jetzt und luden das Team ein, auch zu ihnen zu kommen, bei ihnen zu wohnen und zu predigen. Die Einladungen kamen so zahlreich, dass Bruder Gui viele christliche Familien aus der Umgebung enttäuschen musste.

Straßenevangelisation, unglaublich!

Als sie sich dem Zentrum der Stadt näherten, teilten sie sich wieder in kleine Gruppen auf. Jeweils vier Personen bildeten ein Team. Sheng übernahm die Leitung eines Teams, und sie zogen los, durch die Straßen und Gässchen, in die Restaurants, Läden, Werkstätten und über die Märkte der Straßenhändler und Essensverkäufer. Sie begannen mit jedem, den sie sahen, über Jesus zu reden, überall, wohin sie auch kamen, in welches Gebäude sie auch gingen. Und die Leute blieben stehen, waren neugierig und interessiert, hörten zu und betrachteten sie nachdenklich. Für die Teams war es offensichtlich, dass der Heilige Geist schon sehr am Wirken war. Feindselige Reaktionen begegneten ihnen überhaupt nicht. Die Zahl der Zuhörer stieg. Bald waren es so viele Menschen, die sich um die Christen scharten, dass der Straßenverkehr behindert wurde. Doch niemand ärgerte sich darüber. Die vielen Fahrzeuge, die vorüberfahren wollten, gerieten in einen Stau, aber die Fahrer regten sich nicht auf, sondern sie stiegen aus und sahen selbst nach, was da los war. Fußgänger hatten keine andere Wahl, als sich dazuzustellen, denn die Menschen standen so dicht, dass man sich nicht mehr durchdrängeln konnte.

An einer Ecke stand ein Team und predigte. Sie standen mit dem Rücken an die gleiche Hauswand gelehnt, vor der ein alter Mann »Mantous« verkaufte, die heißen, weißen, gedämpften Brötchen, die alle Chinesen so gerne essen. Er stand hinter einem klapprigen Wagen, den er an diese Ecke geschoben hatte. Der Wagen diente dazu, die Mantous warm zu halten. Da dies eine belebte Ecke war, an der viele Menschen vorbeikamen, wuchs die Zuhörerschar der jungen Christen rasch. Bald konnten die Hinteren, die neu dazugekommen waren, nicht mehr sehen, wer denn da vorne stand und redete. Sie begannen, zu schieben und zu drängeln. Schließlich wurde der Druck so groß, dass die Menge sich vorwärts schob. Der Mantouverkäufer konnte nicht mehr ausweichen, sein kleiner Wagen wurde umgestoßen, alle Brötchen fielen auf die dreckige Straße, und die sich drängelnden Menschen traten achtlos darauf. In dieser Situation hätte es normalerweise eine Schlägerei gegeben, oder es wäre zumindest hässlich geschimpft und geflucht worden. Doch heute war alles anders. Der Mantouverkäufer hatte seinen Wagen anscheinend völlig vergessen, er ließ sich mit der Menge treiben und hörte den jungen Christen zu, die erklärten, wer Jesus ist und warum es so wichtig ist, das zu wissen.

Dort auf der anderen Straßenseite stand ein junges Mädchen von ungefähr sechzehn Jahren auf einem Holzzaun und erklärte den Leuten, wie man Christ werden kann. Die Zuhörer waren wie gebannt, keiner sagte einen Ton, alle hörten aufmerksam zu. Als das Mädchen mit ihrer kleinen Predigt zu Ende war, kletterte eine Fünfzehnjährige auf den Zaun, schlug die Bibel auf, die sie mitgebracht hatte und erklärte den Menschen alles, was darin über die Schöpfung steht.

Die Zuhörer staunten. Aber nicht so sehr über die jungen Leute, die sich so unerschrocken auf die Straße stellten, sondern vielmehr über die Botschaft, die sie da vernehmen konnten. Davon hatten sie noch nie etwas gehört. Dass es einen Gott gibt, der auf die Erde kam und Jesus hieß, das war den meisten neu. Und dass dieser Gott die Menschen liebt und auf ihrer Seite ist, das klang doch fast zu gut, um wahr zu sein!

Die ersten Verhaftungen - Sheng

Unterdessen hatte Schwester Sheng eine andere Gruppe geleitet, die ähnlich gute Erfahrungen machte. Als sie erfuhren, dass ein Team verhaftet worden war, eilte sie mit ihren Leuten sofort zum städtischen Gefängnis, um zu sehen, was dort los war. Es war ein riesiges Gelände, auf dem sich unter anderem die Verwaltung, ein großes Gerichtsgebäude, Untersuchungshaftanstalt und Gefängnis befanden. Vom Pförtner erfuhr Sheng, dass die Christen sich jetzt im Büro der Geheimpolizei befänden. Vor den Außenmauern des Geländes hatte sich eine große Menschenmenge eingefunden, es waren die Zuhörer des Teams, das verhaftet worden war. Sie waren den Polizeiautos gefolgt und standen jetzt ratlos und leise debattierend vor dem Gerichtshof. Das allein schon war eine mutige Tat, denn sich öffentlich zu solidarisieren mit Menschen, die der Geheimpolizei vorgeführt werden, ist in der Regel nicht ungefährlich. Es wäre nicht die erste Massenverhaftung gewesen.

Evangelisationsversammlung im Gefängnishof

Nach einiger Zeit fuhren mehrere Fahrzeuge durch das Hauptportal, das große Tor blieb offen stehen, und nach kurzem Zögern schob sich die ganze versammelte Menge hinein und breitete sich über den Innenhof des Geländes aus. Es waren etwa 3000 Menschen, die sich unter den Fenstern der Geheimpolizei im offenen Protest eingefunden hatten. Auch das Team von Sheng befand sich nun im Inneren des Geländes. Als sie die vielen Menschen sahen, die mit ihnen im Hof standen und all die Zellenfenster, die auf den Hof blickten, begannen sie, laut zu predigen: »Verliert keine Zeit, glaubt an Jesus!« Da öffnete sich ein Fenster und der Leiter der Geheimpolizei wurde sichtbar. Für einen Moment musterte er schweigend das Bild, das sich ihm bot. Dann zerriss seine scharfe Stimme die Stille: »Es ist nicht erlaubt, hier zu predigen. Wer ist Ihr Anführer? Er soll sich sofort bei mir melden! Wenn ihm eine gute Erklärung für den Tumult einfällt, lassen wir Sie alle wieder gehen.« Das Fenster schloss sich, und die Christen fuhren fort, laut zu predigen.

Immer mehr Schaulustige begannen, sich in den Hof zu drängen. Die Polizisten waren entsetzt und wütend, doch sie zögerten, weil sie angesichts der großen Menge unsicher waren, wie sie vorgehen sollten. Schließlich wurde es ihnen aber wohl doch zu bunt, und mit größtmöglichem Aufgebot kamen sie in den Innenhof, schoben und stießen die Leute zurück auf die Straße und verhafteten sechs Christen aus Shengs Team, die durch ihr beherztes Predigen besonders aufgefallen waren. Sie legten ihnen Handschellen an und befahlen ihnen, im Hof zu warten, bis sie geholt würden. Dann zog sich die Polizei wieder ins Innere der Gebäude zurück. Als das die anderen sahen, die im Verlauf dieses Tages an Jesus zu glauben begonnen hatten, drängten sie sich wieder in den Hof. Nur die Schaulustigen blieben auf der Straße, doch diese neuen Christen, die erst wenige Stunden »alt« waren, ließen sich nicht einschüchtern und begannen, laut zu beten. Dabei sprach eine Person jeweils einen Satz, und dann bestätigte die ganze Gruppe dies mit einem gemeinsamen, lauten »Amen«. Es war faszinierend, was da geschah, denn niemand hatte diesen Menschen gesagt, wie man betet; trotzdem klangen ihre Gebete, als hätten sie dies schon immer getan. Es herrschte vollkommene Einheit zwischen den Betenden.

Unterdessen waren die sechs gefesselten Christen weggebracht worden. In einem kahlen Raum wurden sie einzeln verhört. Nacheinander standen sie einer Gruppe von Geheimpolizisten gegenüber, die sie bedrohlich musterten und dann begannen, Fragen zu stellen.

»Warum sind Sie in unsere Stadt gekommen?«

»Um den Menschen die Gute Nachricht von Jesus zu predigen.«
»Wer ist Ihr Anführer?«
»Jesus ist der Anführer.«
»Woher kommen Sie?«
»Wir sind Himmelsbürger.«
Obwohl sie sich nicht abgesprochen hatten, wurden die Fragen von allen Christen gleich beantwortet.

Hausversammlung und Verhaftung

Schwester Sheng und ihr Team waren in einem Dorf am Rande der Stadt »E«, wo sie in ein Haus von Christen eingeladen worden waren. Die Gastgeber hatten alle Möbel aus dem Zimmer geräumt, so dass viele Nachbarn, Freunde und Verwandte Platz finden konnten. Sheng predigte und betete für die Versammelten. Sie sprach darüber, wie man das Leben von Gott bekommen kann, das voller Erfüllung ist und ewig währt. Die Worte sprudelten nur so aus ihr heraus. Dann spürte sie, wie der Heilige Geist ihr besondere Sätze eingab, die sie selbst nicht ganz verstand und die sie in großer Vollmacht aussprach: »Gottes Geist macht euch sehr stark und mutig, und ihr werdet euch in keiner Lebenslage fürchten. Wer bis zum Ende standhaft bleibt, der wird errettet werden.« Damit beendete sie ihre Predigt. Ohne zu wissen warum, gab sie ihre Bibel einem Christen aus dem Dorf. Anschließend leitete sie die Anwesenden im Gebet. Danach wollte sie die Versammlung beenden.

In diesem Moment wurde mit einem Stiefeltritt die Haustür aufgetreten, und zusammen mit einem kalten Windstoß kam eine ganze Horde der Volkspolizei hereingestürmt, die wild entschlossen schien, hier ihre Macht zu demonstrieren. Auf sehr hässliche und aggressive Art verkündeten sie, dass alle Dorfbewohner sofort das Haus verlassen und nach Hause gehen sollten. Nur die Fremden wollten sie festnehmen. Doch die Ortsansässigen weigerten sich, das Haus zu verlassen und die jungen Prediger der Polizei auszuliefern. Obwohl die Polizisten versuchten, die Leute zum Gehen zu zwingen, gelang es ihnen nicht. Also ließen sie sich den Ausweis von jedem zeigen, und so fanden sie schnell die gesuchten vier Christen.

Mit harter Stimme fragten sie die jungen Besucher: »Woher kommen Sie?«

»Wir sind Himmelsbürger.«

»Warum sind Sie hier?«

»Um die Gute Nachricht von Jesus weiterzusagen.«

»Na wunderbar! Das reicht, los, kommen Sie, wir bringen Sie jetzt auf die Polizeiwache.«

Die vier Christen wurden verhaftet. Es waren drei Mädchen und ein junger Mann.

Geheimpolizei überfordert durch junge Christen

Die Geheimpolizei hatte einen aufregenden Abend hinter sich. Aus unerklärlichen Gründen hielten sie die Christen für sehr gefährliche Verbrecher. Stundenlang waren sie schwer bewaffnet durch die Gegend gefahren auf der Suche nach den fünf Teams. Die überregionale Geheimpolizei hatte sich mit den lokalen Polizisten zusammengetan und war mit sämtlichen Fahrzeugen, Motorrädern und Fahrrädern, die ihnen zur Verfügung standen, unterwegs gewesen. An Schlaf hatten sie nicht denken dürfen. Doch nun waren die meisten der zwanzig jugendlichen Christen gefasst, und die Polizisten waren entschlossen, sie für ihre »Straftaten« büßen zu lassen. Ihre zerrissenen Kleider ließen auf die polizeilichen Strafaktionen schließen.

Gegen Morgen fasste die Polizeidirektion den Entschluss, die jungen Christen öffentlich zu demütigen: Sie sollten wie Verbrecher durch die Straßen der Stadt geführt werden, auch um die Bevölkerung vor dem Einfluss der Christen zu warnen.

Die jungen Christen gingen aufrecht, kein Zeichen von Schmerz oder Scham war zu erkennen. Sie strahlten Geborgenheit und Frieden aus.

Eine große Menge Schaulustiger hatte sich eingefunden und säumte rechts und links die Straßen. Alle wollten diese berühmten, starken und mutigen Christen sehen, die wegen ihres Redens über Jesus verhaftet und gefoltert worden waren. Als die Gruppe dann singend und mit zerfetzten Kleidern an den Menschen vorbeischritt, waren die Herzen der Zuschauer voller Mitgefühl; viele Augen füllten sich mit Tränen. Vor allem die älteren Menschen entrüsteten sich bei dem Anblick der jungen Leute, die offensichtlich so grausam behandelt worden waren. Es brachte viele in Wut zu sehen, wie junge Mädchen, die eigentlich noch Kinder waren, so geschlagen worden waren, dass ihre Nasen geschwollen, ihre Augen blutunterlaufen und ihre Kleidung zerrissen waren. Immer lauter wurde der Protest: »Haben diese Polizisten keine Mütter und Schwestern in ihren Familien? Wie könnten sie sonst diese jungen Mädchen so misshandeln? Dies ist abscheulich! So eine Schande!«

Den Polizisten entging die Wut des Volkes nicht, so dass dieser Umzug in Gefahr stand, das Gegenteil dessen auszulösen, was sie beabsichtigt hatten. Sie hatten die Verachtung der Menschen auf die Gefangenen richten wollen, doch nun wurden sie selbst davon getroffen. Was blieb ihnen anderes übrig, als den Marsch so schnell wie möglich zu beenden und auf schnellstem Weg in die Polizeistation zurückzukehren? Die Parade wurde abgebrochen und alle wurden eiligst wieder in die Polizeistation gebracht, in verschiedene Zellen eingesperrt und so den Blicken der Öffentlichkeit entzogen. Am Ende waren die Polizisten vollkommen erschöpft. Resignation machte sich bemerkbar. Sie hielten eine Sonderkonferenz ab und beschlossen, dass sie nicht länger für diese Gefangenen verantwortlich sein wollten; die Christen sollten an die Geheimpolizei ihrer jeweiligen Heimatbezirke übergeben werden.

Der Leidensweg beginnt

Am Tag, als die Verlegung stattfinden sollte, schlug plötzlich das Wetter um. Ein eisig kalter Wind kam auf. Sheng und die anderen Gefangenen wurden in den Innenhof des Gefängnisses gebracht, wo sie eng gefesselt wurden. Shengs Arme waren so fest gebunden worden, dass sie blass war vor Schmerzen. Einer der Brüder konnte diesen Anblick nicht länger ertragen. Er ging zu einem Wärter und beschwerte sich: »Sehen Sie nicht, dass dieses Mädchen noch so jung ist, sie ist erst achtzehn Jahre alt. Wie können Sie ihre Arme so grausam fesseln? Bitte, lockern Sie ihre Fesseln und binden Sie mich dafür straffer.« Doch er fand kein Gehör, im Gegenteil. Mehrere Polizisten ohrfeigten ihn für seinen Mut, sie warfen ihn auf die Erde und fesselten ihn noch fester, ohne Shengs Lage zu erleichtern und ihre Fesseln zu lockern. Vor der Abfahrt wurden noch Fotos von allen Gefangenen gemacht, dann stieß man sie auf die Ladefläche des großen, offenen Lastwagens. Mehrere schwer bewaffnete Soldaten stellten sich zu ihnen auf den Wagen, die Gewehre im Anschlag. So traten sie die Fahrt zurück nach Hause in die Stadt »F« und den Bezirk »G« mit der Stadt »E« an.

Mutige Solidarität mit den Verhafteten

Als der Wagen langsam durch das Hauptportal des Geländes der örtlichen Regierungsverwaltung fuhr, hatte ihn schon eine ganze Anzahl von Christen erwartet. Es waren die neuen Christen aus der Stadt »E« sowie die von Gui aufgerüttelten älteren Christen aus den Dörfern in der näheren Umgebung des Gefängnisses. Seit sie gesehen hatten, wie unerschrocken die anderen sich zu Jesus bekannten und selbst ihr Leben dafür riskierten, hatten sich viele von ihnen neu zu einem kompromisslosen Christsein entschlossen. Sie hatten nicht gewusst, was die Pläne der Polizei mit den gefangenen Christen waren, aber sie waren ständig in der Nähe des Gefängnisses geblieben, um den Geschwistern beistehen zu können, zumindest im Gebet. Seit den frühen Morgenstunden waren sie auch an diesem Tag wieder dort gewesen. Als sie dann das Fahrzeug sahen, auf dem alle Geschwister gefesselt standen, umringten sie den Wagen. Sie waren so viele, dass die Fahrt zum Stillstand kam. Alle versuchten, mit ihren ausgestreckten Armen wenigstens die Kleider der Gefangenen berühren zu können. Sie weinten laut. Die Szene war so bewegend, dass selbst den unbeteiligten Passanten auf der Straße die Tränen kamen.

Es war eine lange, kalte Fahrt gewesen, doch da sie die ganze Zeit singen konnten, war es eher ein langer Gottesdienst für die zwölf Christen gewesen, die mit dem offenen Transporter in die Stadt »F« gebracht worden waren. Zu ihrer großen Überraschung wurden sie vor dem Gefängnis von einer recht zahlreichen Gruppe Christen erwartet. Wie hatten sie das erfahren können? Wie lange sie wohl schon gewartet hatten? Es war eine sehr große Ermutigung für die Gefangenen zu wissen, dass sie auch hier nicht alleine waren, sondern dass sie Geschwister hinter sich hatten, die für sie beteten und ihnen jede erdenkliche Hilfe zukommen lassen wollten. Aber leider konnten die Christen nur ein paar Blicke im Vorbeigehen wechseln, denn kaum war der Wagen in den Hof gefahren, wurden die Gefangenen sofort durch den Innenhof in das Gebäude der Geheimpolizei gebracht.

Die Christen verbreiteten die Nachricht von der Ankunft der jungen Gefangenen überall in der Stadt »F«, auch im weiten Umkreis der Stadt. Dann beschlossen sie, ihr Gebet für die Gefangenen durch Fasten zu unterstützen. Diesem Fasten schlossen sich viele Christen innerhalb und außerhalb der Stadt an. Sie führten regelmäßige Gebetstreffen ein, und so konnte Gott hier genauso wirken wie zuvor in der Stadt »E« und ihrer Umgebung. Viele nur traditionelle Christen ließen sich vom Heiligen Geist wachrütteln und begannen wieder, Gott zu suchen. Wie phantastisch Gott doch alle noch so widrigen Umstände benutzen kann! Durch die bloße Anwesenheit der Teenager im Gefängnis dieser Stadt begann nun auch hier ein geistlicher Aufbruch. Gott konnte die verschiedenen Hausgemeinden neu beleben und zur Zusammenarbeit bewegen.

Gefesselt im eiskalten Gefängnis

Nach den Verhören waren die zwölf Christen in eine kleine Zelle gebracht worden. Die nackten Mauern waren feucht, es gab kein Fenster, weder Tageslicht noch künstliche Beleuchtung. Als die schwere eiserne Tür krachend hinter ihnen ins Schloss fiel, standen sie in der modrigen Dunkelheit. Zunächst versuchten sie nur, nicht zu stöhnen und den anderen nicht zu zeigen, wie groß ihre Schmerzen waren. Sie waren hier alle noch einmal neu gefesselt worden. Schon in dem ersten Gefängnis waren die Fesseln sehr eng und schmerzhaft gewesen, aber was man hier mit ihnen machte, war deutlich schlimmer. Die Arme auf den Rücken gedreht, waren ihre Handgelenke mit scharfen, dünnen Seilen so fest abgeschnürt, dass nach wenigen Minuten die Hände dunkelblau und gefühllos wurden und die Handgelenke schmerzten und brannten. Die Schmerzen waren schrecklich, das Blut wich aus ihren Gesichtern und der kalte Schweiß brach ihnen aus. Sie mussten sich setzen, weil sie fürchteten, das Bewusstsein zu verlieren. Wie sollten sie das aushalten? Hatten sie sich doch kaum von den ähnlichen Schmerzen in »E« erholt, und nun war alles noch schlimmer! Ohne zunächst darüber zu reden, mussten sie nun alle daran denken, dass sie sich allmählich besser vorstellen konnten, wie es für Jesus gewesen sein musste, als er ausgepeitscht und gekreuzigt wurde. Und während sie an Jesus dachten, traten ihre Schmerzen in den Hintergrund. Da stimmte auch schon jemand das Lied an, das die Gedanken von allen wunderbar zusammenfasste. Sie weinten, als sie ihre ganze Kraft zusammennahmen und gemeinsam mehrere Male dieses Lied sangen:

»Jesus mein Erlöser trug eine Dornenkrone,
er schleppte das Kreuz auf den Berg.
Römische Soldaten peitschten ihn,
kostbares Blut, das auf Golgatha floss.
Jesus, Retter, Gottes Sohn und Opferlamm,
für mein Leben hast du teuer bezahlt.
Du hast den Feind besiegt für immer,
in deinen Wunden ist mein Friede, mein Heil.«

Während sie sangen, ließen die Schmerzen allmählich nach. Viele weinten. Aber dann waren sie so erschöpft, dass sie nicht mehr singen konnten, sondern einfach nur noch schlafen mussten. Die Anspannung, die Folter und die Verhöre der vergangenen Tage hatten sie an den Rand ihrer körperlichen Kräfte gebracht. Obwohl die Temperaturen nachts unter null Grad Celsius fielen, lagen sie alle ohne Decke auf dem nackten, feuchten Steinboden in tiefem Schlaf. Aber nach wenigen Stunden wurden sie schon wieder wach, es war einfach zu kalt. Sie zitterten und schlotterten und waren steif vor Kälte. Aber als sie sich etwas bewegen wollten, bemerkten sie plötzlich, dass ihre Arme nicht mehr schmerzten. Nein, sie waren frei! Die Seile lagen auf der Erde, waren wörtlich von ihnen abgefallen. Es war genau so, wie in der Bibel von Petrus berichtet wird, dessen Ketten auch von Gott geöffnet wurden, während er im Gefängnis war und schlief.

Nach 19 Tagen wieder frei – dann Folter und Frauengefängnis

Die zwölf jungen Leute wurden neunzehn Tage lang in diesem Gefängnis festgehalten und immer und immer wieder, Tag und Nacht, verhört. Doch dann war der Polizei klar geworden, dass sie nichts erreichen konnten. Diese Gefangenen würden sich lieber totschlagen lassen, als irgendetwas zu sagen. Auch der Versuch sie einzuschüchtern war misslungen, immer wieder konnte man sie beim Singen beobachten. Also resignierten die Funktionäre und beschlossen, die Teenager vorläufig freizulassen. Als die kleine Gruppe durch das Gefängnistor hinaus in die Freiheit ging, stimmte Sheng ein Lied an, das alle zusammen fröhlich sangen: »Der Geist des Herrn ruht auf mir, denn der Herr hat mich gesalbt. Er hat mich gesandt, damit ich den Armen eine gute Nachricht bringe; damit ich den Gefangenen die Entlassung verkünde und den Blinden, dass sie wieder sehen; damit ich die Zerschlagenen in Freiheit setze und ein Gnadenjahr des Herrn ausrufe«. (Lk. 4,18-19)

Doch Sheng konnte nicht lang die Freiheit genießen. Schon wenige Wochen nach ihrer Freilassung kam die Geheimpolizei nach »F« bei ihr zu Hause vorbei und nahm sie mit. Nach Folter wurde sie zu zwei Jahren Gefängnis verurteilt. Das Frauengefängnis, in das Sheng gebracht wurde, glich einer Hölle auf Erden. Sie war mit 20 Frauen in einer Zelle, von denen zwölf wegen Mordes einsaßen. Eine schwere Gelbsucht war der Anlass, dass sie schließlich in das Lagerkrankenhaus eingeführt wurde. Hier führte Gott sie mit zwei Christinnen zusammen. Zu dritt beteten sie anhaltend für einen Durchbruch des Evangeliums. Die erste Gefangene, welche Sheng zum Glauben an Christus führen konnte, wurde zu einer eifrigen Zeugin.

Am Abend kam die Frau wieder mit acht ihrer besten Freundinnen, die auch an Jesus glauben wollten. Sie waren allesamt schwere Verbrecherinnen und hatten große Schuld auf sich geladen. Aber als sie sahen, was Jesus innerhalb einer Nacht mit ihrer Freundin gemacht hatte, wollten sie unbedingt das Gleiche erleben. Sheng war erfüllt mit großer Ehrfurcht vor dem Wirken des Heiligen Geistes an diesen Menschen. So nahm sie sich viel Zeit, um ihnen den großen Heilsplan Gottes gemäß der Bibel zu erklären. Woher kommt die Sünde und was können wir gegen sie tun? Was passiert, wenn wir Jesus zum Herrn unseres Lebens erklärten? Dann betete und redete sie ausführlich mit jeder Einzelnen von ihnen. Zum Schluss ermahnte sie die neuen Christinnen: »Ihr habt jetzt alle nur noch eine Aufgabe, die wichtiger ist als alles andere: Bitte betet mit uns für alle Häftlinge und für die Aufseherinnen, dass sie alle zum Glauben an Jesus kommen.« Die neun Frauen waren gerne dazu bereit: »Jesus ist so phantastisch, dass er sogar Leute wie uns lieb hat. Natürlich können wir dann auch für andere beten.«

Botschaft der Hoffnung in hoffnungsloser Situation – das Gefängnis singt

In Windeseile verbreitete sich die Gute Nachricht von Jesus innerhalb der Gefängnismauern, und die Zahl der Christinnen nahm täglich zu. Die Frauen waren innerlich weit offen für diese hoffnungsvolle Nachricht, dass sie mit Jesus ein neues Leben anfangen konnten. Ihre Verzweiflung und Hoffnungslosigkeit waren so groß, dass sie es kaum fassen konnten, dass es einen Gott gibt, der sie liebt. Wenn sie dann Jesus in ihr Leben einluden, wurden sie sofort mit großer Freude und dem Bewusstsein der Vergebung und der Liebe Gottes erfüllt. Das war so befreiend und stark, dass man es ihnen nicht nur ansah, sondern dass sie auch von nichts anderem mehr reden mochten. Kaum hatten sie ihre ersten Schritte der Umkehr und Hinwendung zu Gott gemacht, schon erzählten sie allen Mitgefangenen von ihrer neuen Entdeckung. Dabei wirkte der Heilige Geist sehr stark, indem er ihnen half, das Sterben Jesu, seine Auferstehung und das neue, ewige Leben, das man dadurch bekommen kann, sofort richtig zu verstehen und den anderen Frauen richtig zu erklären, ohne dass sie auch nur einmal eine Bibel gesehen oder eine Predigt gehört hätten.

Während Sheng sich von ihrer Krankheit erholte, wurden ständig die guten Neuigkeiten über Gottes Wirken zu ihr getragen: »In Zelle Nr. . . . kamen heute fünf Menschen zum Glauben, außerdem haben in der Arbeitsgruppe . . . drei Menschen Jesus zum Herrn ihres Lebens gemacht . . .« Es war ausschließlich ein Werk des Heiligen Geistes, denn kein Mensch hätte diese harten, verbitterten Menschen erreichen oder gar verändern können.

Eines Abends, es war gegen neun Uhr, lag Sheng mit offenen Augen auf ihrer Matte und dachte an die lieben Christinnen in diesem Gebäude, die sie schon so lange nicht mehr gesehen hatte. Sie wusste, dass um diese Zeit alle in ihre Zellen gehen mussten, bald würden die Türen verschlossen werden, die Christinnen würden sich jetzt unter ihre Decken verkriechen und lesen, beten, etwas abschreiben, oder sie würden zusammen reden, beten oder singen. Wie gerne wäre sie bei den anderen gewesen! Obwohl sie die Gegenwart Gottes in ihrer Einzelzelle erlebte, sehnte sie sich doch nach den anderen Frauen.

Da, was war das? Ein leises Geräusch, wie vielstimmiges Summen, drang durch die Mauern in ihr Bewusstsein. Träumte sie? Ihr war, als würde sie verhaltenes Singen hören, verschiedene Melodien, die sich zu einem harmonischen Klangteppich vereinigten, ein himmlischer Chor, der mehr und mehr anschwoll. Nein, sie träumte nicht, dies waren ihre Schwestern! Mit einem Satz war sie aufgesprungen und an ihr kleines Fenster geeilt. Ja, nun hörte sie es deutlich: Die Frauen sangen Gott ihre Lieder. Und immer noch wurde das Singen lauter und lauter, es wurde zu einem gewaltigen Strom zum Lob Gottes, der sich aus allen Fenstern ergoss und das ganze Lager überflutete.

Die Wärterinnen waren perplex. Dies war noch nie dagewesen und sie wussten nicht, wie sie sich verhalten sollten. Also warteten sie erst einmal ab, was die Lagerleitung befehlen würde. Unterdessen wurde das Singen immer lauter und die Verantwortlichen wurden immer ratloser. Was sollten sie tun? Schließlich konnten sie ja nicht die Mehrzahl der Gefangenen gleichzeitig zum Schweigen bringen und bestrafen.

Eine bis dahin ungekannte Freiheit erfasste das Lager. Die Gefangenen lobten Gott von ganzem Herzen und mit lauten Stimmen, sie tanzten, klatschten und jubelten ihrem Gott zu. Sheng stand an ihrem Fenster, durch das sie zwar nichts sehen, aber sehr viel hören konnte, und sie spürte, wie das Lob Gottes das ganze Lager erschütterte. Da erinnerte sie sich an ihre dritte Vision und sie verstand, dass sie sich in diesem Augenblick erfüllte. Voller Dankbarkeit und Freude erhob sie ihre gefesselten Hände zu Gott und stimmte von Herzen in die Anbetung mit ein. Welch ein herrlicher Gottesdienst war das! Hunderte von Frauen, die sich an ihrem Gott freuten und ihm ihre Liebe und Dankbarkeit ausdrückten.

Genau in diesem Augenblick, während Sheng mit den anderen gemeinsam ihre Loblieder sang, sah sie eine Vision. Sie sah klar und deutlich, wie das Wort »Jesus« auf der Anschlagtafel des Gefängnisses erschien, viele Male stand es da, in verschiedenen Größen und Schriften. Sie konnte sich dieses Bild noch nicht erklären, hielt es aber erwartungsvoll in ihren Gedanken fest, um die Erfüllung dann erkennen zu können.

Dann machte sich Sheng auch daran, das Bekenntnis zu schreiben, auf das die Lagerleitung wartete. Das Schreiben fiel ihr sehr schwer, da sie immer noch die Handschellen tragen musste, die sie sehr schmerzten. Aber wenn sie an Jesus dachte, wie er aus Liebe zu ihr Schläge und Schmerzen auf sich genommen hatte, dann fiel es ihr leichter, ihre eigene Situation ohne Selbstmitleid zu betrachten. Gott gab ihr die Kraft, von ihrem Leiden wegzusehen und seine Liebe und Freundschaft zu genießen. Ihr Bekenntnis wurde sieben Seiten lang. Sie begann damit zu schildern, wann und wie sie Christin geworden war. Dann erklärte sie, warum sie an Jesus glaubte, und zuletzt legte sie in aller Ausführlichkeit dar, worin die Bedeutung des Glaubens liegt. In großer Eindringlichkeit und mit überzeugender Logik machte sie deutlich, dass Jesus der einzige Weg zu Gott ist und dass alles Leben aus ihm kommt. Ihr »Bekenntnis« war ein einziges Plädoyer für den Glauben.

»Jesus« am Schwarzen Brett

Die Wochen vergingen, und während Sheng immer noch in ihrer Strafzelle lebte, wurde es allmählich Winter. Eines Tages, als die ersten heftigen Schneestürme über das Land fegten und jeder die Wärme der spärlich beheizten Räume suchte, fuhr eine ganze Kolonne von vornehmen Wagen vor. Es waren die oberen Kader der Geheimpolizei, die das Lager aufsuchten. Beunruhigt beobachteten die Frauen, was sich im Hof entwickelte.

An der nördlichen Stirnseite des großen, offenen Innenhofes wurden eine Bank und ein Tisch aufgestellt. Zwei Gefangene mussten darüber mehrere Spruchbänder befestigen, auf denen Aufrufe standen wie: »Nieder mit den zerstörerischen Elementen unserer Gesellschaft!« – »Zerschlagt den christlichen Aberglauben!« – »Kampf den Christen!« Es sah so aus, als wäre wieder eine dieser Kampfversammlungen geplant, wie sie zur Umerziehung des Volkes seit Jahren immer wieder abgehalten wurden, nicht nur in Gefängnissen, sondern auch auf vielen Plätzen und Straßen des Landes. Menschen, die nicht den Vorstellungen der Polizei entsprachen, wurden öffentlich angeklagt, ihre Vergehen wurden vorgetragen, die Zuschauer konnten sie beschimpfen, anschuldigen und verspotten. Sie mussten auf dieser Plattform ihre Vergehen bekennen, egal, ob sie diese tatsächlich begangen hatten oder nicht. Wer sich weigerte, Dinge zuzugeben, die ihm vorgeworfen wurden, hatte mit Schlägen und Folter zu rechnen.

Alle Gefangenen mussten sich im Hof versammeln, wo immer noch der Sturm tobte. Umstellt von bewaffneten Soldaten setzten sie sich auf die schneebedeckte Erde, während vorn auf der Bank die Besucher Platz nahmen, hochrangige Funktionäre der Geheimpolizei, der Regierungs- und Verwaltungsbehörden, des Gerichts und der Lagerleitung.

Die Versammlung wurde eröffnet, indem die Namen von zwölf Christinnen aufgerufen wurden. Sie mussten sich vorne aufstellen, mit den Gesichtern der Richterbank zugewandt. Sheng war auch unter den zwölfen. Bevor etwas gesagt wurde, stand einer der Uniformierten wortlos auf und schlug mit seinem Knüppel so ins Gesicht einer vor ihm stehenden Frau, dass sie bewusstlos zusammenbrach. Ein Stöhnen entrang sich den sitzenden Gefangenen, und alle Christinnen beteten intensiv für die zwölf, an denen offensichtlich heute ein Exempel statuiert werden sollte.

Dann erhob sich die Leiterin des Lagers. Sie hielt die sieben Seiten in der Hand, die Sheng während ihrer Einzelhaft geschrieben hatte, und begann, daraus vorzulesen. Aber als sie ungefähr in der Mitte ankam, ertrug sie es nicht mehr länger, dieses leidenschaftliche Bekenntnis für Jesus laut auszusprechen. Sie schlug mit der Faust auf den Tisch und schrie Sheng direkt ins Gesicht:

»Wie können Sie es wagen! Wollen Sie uns etwa alle bekehren?« Ihre Blicke sprühten Feuer, während sie weitersprach: »Seit mehr als dreißig Jahren habe ich mit Gefängnissen zu tun, aber so jemand wie Sie ist mir bis heute noch nicht untergekommen!« Ihre Stimme wurde schrill: »Was sind Sie nur für Menschen, Sie Christen? Fast wäre es Ihnen gelungen, das ganze Lager auf den Kopf zu stellen. Sie haben keine Angst vor Schlägen und körperlichen Züchtigungen, das scheint Ihnen alles nichts auszumachen. Nicht einmal vor Kampfversammlungen fürchten Sie sich! Aber wir haben auch noch andere Mittel und Möglichkeiten«, schrie sie, während sie mit rotem Kopf wütend auf und ab ging. Ihre Stimme war jetzt so laut, dass sie kein Mikrofon mehr benötigte. »Ich werde alles notieren lassen, was Sie an konterrevolutionären Aktivitäten betreiben. Das werden wir drucken und in den anderen Lagern verteilen. Überall sollen diese Berichte an den schwarzen Brettern aufgehängt werden, den anderen zur Warnung und Ihnen zur Beschämung. Wir werden Sie schon kleinkriegen, verlassen Sie sich darauf!« Sie spuckte die letzten Worte förmlich aus, den Frauen ins Gesicht, die vor ihr standen, und der Hass loderte aus ihren Augen.

Doch die Christen, die ihr gegenüberstanden, strahlten mit unverhohlener Freude, vor allem Sheng. Es war genau das, was Gott ihr in der letzten Vision gezeigt hatte! Sie war begeistert. Gottes Möglichkeiten übersteigen die kühnsten Phantasien! Die Gefängnisleiterin bekämpfte nicht etwa das Christentum, wie sie selbst glaubte, sondern sie trug mit ihrem Plan dazu bei, die Taten Gottes bekannt zu machen.

Die Funktionäre und Polizisten konnten versuchen, was sie wollten, es gelang ihnen einfach nicht, das Feuer des Heiligen Geistes auszulöschen. Zweitausend Jahre Christentum haben immer wieder gezeigt, dass da, wo versucht wird, den Glauben an Jesus auszurotten, die Kraft und Gnade Gottes besonders wirksam werden. Je heftiger die Verfolgung, desto größer die Erweckung – und umgekehrt leider auch.

Seit dieser Kampfversammlung wurden jeden Tag Flugblätter herausgebracht, die von den Aktivitäten der Christen berichteten und an allen Anschlagtafeln zu lesen waren. Es war genau wie in der Vision: Der Name Jesu stand nun immer in vielfacher Ausgabe an den schwarzen Brettern der Gefängnisse.

Sheng, die als Anführerin der Christen erkannt worden war, blieb nun weiterhin in Einzelhaft. Sechs Monate wurde sie vollständig isoliert. Sie musste die ganze Zeit über Handschellen tragen und hatte mit den anderen Frauen keinen direkten Kontakt. Gottes Gnade und Schutz umgaben Sheng, so dass sie ihre Haft unversehrt überstehen konnte. Weder ihre körperliche noch ihre seelische Gesundheit nahmen Schaden, und ihr Geist wurde von Tag zu Tag stärker, indem sie die Gemeinschaft mit dem Heiligen Geist täglich genießen konnte, unabhängig von den Bedingungen, unter denen sie festgehalten wurde.

Mitte August 1985 näherte sich das Ende ihrer Haftzeit. Sie durfte die Einzelzelle verlassen, die Handschellen wurden ihr abgenommen und während sie wieder am normalen Arbeitsalltag teilnahm, konnte sie das lang ersehnte Wiedersehen mit ihren Schwestern feiern. Sie nutzte die letzten Tage vor ihrer Entlassung, um die anderen Christinnen zu trösten und zu ermutigen.

Entlassungstag – eine Gemeinde bleibt im Gefängnis zurück

Während der letzten Nacht, wenige Stunden vor Anbruch des Entlassungstages, kamen viele Christinnen zu Sheng. Sie drängten sich in ihre Zelle, um Abschied zu nehmen. Geredet wurde wenig, fast alle weinten, ohne sich ihrer Tränen zu schämen.

Dann ergriff eine Gefangene das Wort: »Schwester Sheng, bitte vergiss uns nicht. Bitte die Geschwister, die in Freiheit leben, dass sie für uns beten sollen . . .« Ihre Stimme brach ab und sie schluchzte laut. Es war eine herzzerreißende Nacht für Sheng. Erst gegen Morgen gingen die Frauen auf ihre eigenen Zellen, um noch ein wenig Schlaf zu finden.

Schon vor dem Morgengrauen des nächsten Tages waren alle zweiunddreißig Frauen wach, die in Shengs Zelle lebten. Es war der 22. August 1985, der Tag, an dem Shengs Haftzeit zu Ende ging. Die Zellengenossinnen hatten sich um Shengs Lager versammelt und weinten. Auch Sheng hatte einen dicken Kloß im Hals und ihre Stimme bebte, während sie zu den Frauen redete. Sie ermahnte jede Einzelne, Jesus mit ganzer Leidenschaft zu lieben und ihm nachzufolgen, fleißig zu beten und den geistlichen Kampf im Gefängnis mit aller Kraft zu führen, damit die Erweckung immer stärker werden könnte. Und sie sollten auch nicht vergessen, dafür zu beten, dass ihre Haftdauer verkürzt werden würde, damit sie noch einen großen Teil ihres Lebens mit Gott in Freiheit leben und in ihrer Heimat die Gute Nachricht von ihm verbreiten könnten.

Bei Tagesanbruch trugen die Frauen Shengs spärliches Gepäck nach unten und alle, die auf derselben Etage mit Sheng lebten, kamen mit ihr in den Hof, um sie zu verabschieden. Es waren mehrere hundert Frauen, die sich um sie drängten. Alle weinten. Welch ein Abschied! Und welch eine Veränderung dieses Lagers, das zu Beginn von Shengs Aufenthalt eine Hölle auf Erden war! Die Aufseherinnen versuchten, Ordnung zu wahren, und erlaubten den Gefangenen nicht, Sheng zum Lagerausgang zu begleiten. Schritt für Schritt ging Sheng auf das große Tor zu, während die vielen Frauen, die sie zurücklassen musste, ihr liebe Worte nachriefen. Mehrmals drehte sie sich um, und beim Anblick der vielen tränennassen Gesichter wollten ihr die Beine den Dienst versagen. Am liebsten wäre sie hier geblieben!

Immer mehr Frauen versammelten sich im Hof und winkten ihr nach. Sheng fühlte sich elend: »Herr, wie kann ich meine Schwestern hier zurücklassen? Wenn ich doch bei ihnen bleiben dürfte!« Schweren Herzens durchschritt sie das innere Tor. Einige Christinnen rannten hinter ihr her und umarmten sie ein letztes Mal: »Bitte Sheng, wenn du in Freiheit bist, denke nicht zu viel an uns und bete auch nicht die ganze Zeit nur für uns, sondern widme dich den Aufgaben, die Gott dort für dich vorbereitet hat. Du sollst die Arbeiten tun, die wir nicht tun können.« Aufseherinnen kamen und drängten die Frauen zurück.

Angesichts dieses bewegenden Einblicks in die heutige Erweckungsbewegung in China liest man die Worte des Apostels Paulus, dessen Missionsdienst durch viel Leiden und Verfolgung gekennzeichnet war, als persönliche Herausforderung und zugleich Mut machenden Zuspruch: »Wir wissen aber, dass denen, die Gott lieben, alle Dinge zum Besten dienen, denen, die nach seinem Ratschluss berufen sind« (Römer 8,28). »So sind wir auch Erben, nämlich Gottes Erben und Miterben Christi, wenn wir denn mit ihm leiden, damit wir auch mit zur Herrlichkeit erhoben werden« (Röm. 8,17). »Wer will uns scheiden von der Liebe Christi? Trübsal oder Angst oder Verfolgung oder Hunger oder Blöße oder Gefahr oder Schwert?« (Röm. 8,35). »Uns ist bange, aber wir verzagen nicht. Wir leiden Verfolgung, aber wir werden nicht verlassen« (2. Kor. 4,8-9). »Ihn möchte ich erkennen und die Kraft seiner Auferstehung und die Gemeinschaft seiner Leiden« (Phil. 3,10).

III. Erweckung durch Gottes Geist

Ein wesentliches Element der Erweckung ist das Wirken des Heiligen Geistes in Leben, Dienst und Anbetung erwecklicher Christen:

Erweckung schenkt überfließendes Leben.
Erweckung schenkt bevollmächtigtes Dienen.
Erweckung schenkt Lobpreis und Anbetung im Geist.

Erweckung schenkt überfließendes Leben

Jesus spricht vom Heiligen Geist als einem Strom lebendigen Wassers, der von Menschen, die an ihn glauben, ausgehen soll (Joh. 7,38-39). Oft aber ist dieser Strom in unserem Leben nur ein armseliges Rinnsal, das sich mühsam seinen Weg durch Sand und Geröll bahnt, und die geistliche Vegetation an seinen Ufern, nämlich die Frucht des Geistes und die Gaben des Geistes, welken dahin.

Aber David sagt schon im Alten Testament: »Du schenkest mir voll ein« (Ps. 23,5), und Jesus verheißt der Samariterin am Brunnen: »Wer von dem Wasser trinken wird, das ich ihm gebe, den wird in Ewigkeit nicht dürsten, sondern das Wasser, das ich ihm geben werde, das wird ihm eine Quelle des Lebens werden, das in das ewige Leben quillt« (Joh. 4,14).

Erweckte Christen gleichen Gefäßen, die überfließen, und Quellen, die sprudeln. Wenn unser selbstbewusstes Ich mit Christus gekreuzigt ist, hat der Geist Gottes - das Wasser des Lebens, der Strom des Lebens - in uns Raum und ist nicht mehr blockiert. Wir werden durch den Heiligen Geist von neuem geboren, wenn wir Christus in unser Leben aufnehmen.

Das ist der Anfang, die Quelle des Stromes.

Der Prophet Hesekiel sieht in einer Vision den Strom Gottes sich schnell weiten und vertiefen (Hes. 47,1-6). Paulus erinnert die Christen in Ephesus daran, dass sie mit dem Heiligen Geist versiegelt wurden, als sie zum Glauben an Christus kamen (Eph. 1,13). Jetzt fordert er sie auf: »Lasst euch vom Heiligen Geist erfüllen!« (Eph. 5,18) - der Bach soll zum mächtigen Strom anschwellen, so dass die Frucht des Geistes (Gal. 5,22), das neue Leben in Christus, wachsen und die Gaben des Geistes, die Ausrüstung für den neuen Dienst für Christus, sich entfalten können (1. Kor. 12,7-11).

Zugleich erfährt der erweckte Christ, dass die Fülle des Geistes auch die Fülle des Trostes und der Stärkung durch Gott, die Fülle der Unterweisung durch Gott und die Fülle der Führung durch Ihn ist (Joh. 14,16-17; 14,26; 15,26; 16,13). Der Herr der Gemeinde möchte, dass alle Glieder, die durch den Heiligen Geist mit Ihm und untereinander verbunden sind, im Erfülltsein mit dem Heiligen Geist leben. Das ist keine Sonderlehre und Sondererfahrung, sondern ein zentrales Anliegen des Neuen Testaments. Dabei liegt der Akzent nicht auf einer punktuellen Erfahrung des Heiligen Geistes, sondern vielmehr auf einem beständigen Leben im Erfülltsein mit dem Heiligen Geist. Paulus schreibt: »Wenn wir im Geist leben, so lasst uns auch im Geist wandeln (wörtlich: hinter dem Geist hermarschieren, Gal. 5,25) und täglich im Geiste leben« (Gal. 5,16).

Wenn der Strom des Heiligen Geistes blockiert ist

Was aber nun, wenn plötzlich »der Becher« nicht mehr überfließt, die Quelle nicht mehr sprudelt und stattdessen stehendes, ja abgestandenes Wasser unser Glaubensleben prägt?

Was nun, wenn die Liebe zu Jesus und zu den Mitmenschen erkaltet und durch Gleichgültigkeit ersetzt wird?

Was nun, wenn von uns erwartet wird, dass wir als geisterfüllte Christen vollmächtig dienen, unser Dienst aber sich in Routine und hartem Fleiß erschöpft?

Und was nun, wenn unser altes Wesen wieder die Regierung übernimmt und wir vor dem Scherbenhaufen unseres erwecklichen Lebens stehen?

Dann stehen uns praktisch drei Wege offen:

- Wir gehen zur Tagesordnung über. So ist es nun einmal. So und so waren die Umstände. Aber unser Auftrag ist größer als unser menschliches Versagen, wir wursteln uns weiter durch.
  Das ist der Weg der Verhärtung.
- Oder wir versuchen, unser Lehrgebäude von einem geisterfüllten Leben aufrechtzuerhalten. Wir operieren mit geistlichen Vokabeln ohne Inhalt, Wirklichkeit und Vollmacht.
  Das ist der Weg der Selbsttäuschung.
- Oder wir kommen zu Jesus so, wie wir sind. Wir legen alle frommen Mäntel und Masken ab. Die innere Spannung, geistlicher sein zu wollen, als man wirklich ist, löst sich.
  Gottes Gnade empfängt und umfängt Sünder - der Weg zu neuer Bevollmächtigung.

Es ist Sünde, die den Geist Gottes in unserem Leben betrübt!

Es ist Sünde, die das taufrische, sprudelnde geistliche Leben zum Erliegen bringt.

Es ist Sünde, die den Strom des lebendigen Wassers blockiert, so dass die Früchte des Geistes und die Gaben des Geistes welken und vertrocknen.

Der Geist Gottes füllt keine schmutzigen Gefäße und Becher. Wenn ich mich dem überführenden Licht des Geistes Gottes öffne, erkenne ich Sünde als Sünde. Ich entschuldige sie nicht mit den Umständen, mit meiner Müdigkeit, mit meinen Nerven und den »schwierigen« Menschen, mit denen ich zusammen leben und zusammen arbeiten muss. Niemals reinigt das Blut Jesu Christi Entschuldigungen! Im Scheinwerferlicht des Geistes Gottes erkenne ich die eigene Empfindlichkeit und mein Selbstmitleid als Sünde. Mein dauerndes Vergleichen ist letztlich Neid und Rebellion, mein ungezügeltes sexuelles Begehren Ehebruch, meine Ablehnung Stolz, und hinter meiner Ungeduld und Herrschsucht steht reine Selbstsucht (Joh. 16,8). Aber der Geist Gottes lässt mich nicht in Selbstverzweiflung und Selbstanklage stehen. Er führt mich zum Kreuz. Er verherrlicht mir Christus, den Gekreuzigten (Joh. 16,14+15+26b). Ich erlebe die Erlösung und Vergebung Jesu (1. Joh. 1,7-9). Die Bibel sieht Christologie und Pneumatologie immer zusammen. Deshalb stehen Sündenerkenntnis, Sündenvergebung, das Erfülltsein mit Heiligem Geist, die Frucht des Geistes, die Gaben des Geistes und das Lehren, Trösten und Führen des Geistes in einem unlösbaren Zusammenhang.

So erfüllte und erweckte Christen bleiben nicht verborgen, von ihrem Leben geht ein positiver Einfluss aus. Sie werden anderen Menschen zum Segen, ohne dass sie es wissen, und das ist gut so.

In Erweckung wirkt der Heilige Geist tiefe Sündenerkenntnis

So wird das Wirken des Heiligen Geistes auf den Salomoninseln, westlich von Papua-Neuguinea, im April 1970 beschrieben:

»Auf jener Konferenz waren alle Missionare und einheimischen Leiter der Inselkirche gegenwärtig, als der Heilige Geist ein neues Werk begann. Es wurde ein tiefes Werk. Einer der Leiter fiel nieder und weinte bitterlich. Er war völlig vor Gott zusammengebrochen und bekannte tiefen Groll und Bitterkeit. Ein anderer wurde an eine Sünde von vor 23 Jahren erinnert. Er brachte sie mit Gott und den Missionaren in Ordnung. Das war der Beginn. In ruhiger Weise überführte Gott Missionare und einheimische Pastoren der Sünden wie seelischer Verletzungen, Groll und Eifersucht und anderer Sünden, welche die Einheit verhindert und das Werk Gottes gehindert hatten. Diese Sünden wurden offen bekannt. Vergebung geschah - von Gott und untereinander - im echten Gebrochensein. Es war eine tiefe Erfahrung. Die Liebe, die wir in unseren Herzen erlebten, war gewaltig. Gott brachte die heimischen Pastoren und die Missionare in eine neue Beziehung zueinander und zu Ihm. Gott bereitete den Weg für eine Erweckungsbewegung durch die Inseln vor.«

»Sonntagmorgengottesdienst in einer Kirche mit Blätterdach. Über 600 Leute waren gekommen. John Pipi, einer der jungen Leute, sang ein Solo mit leuchtendem Gesicht. Eine Bewegung breitete sich in der Gemeinde aus. Als der Pastor die Kirche betrat und zusammen mit dem Gastprediger nach vorne ging, weinten überall Menschen. Einige wurden deshalb hinausgeführt. Ein Mädchen rief: ›Meine Sünde, meine Sünde.‹ Nach der Predigt standen viele auf und gingen nach vorne, unter ihnen der Gemeindepastor. Tränen rannen über seine Wangen. Alle beteten still oder mit Worten ungefähr 10 Minuten lang und bekannten ihre Sünden. Dann sagte der Gastprediger: ›Der Herr sei gepriesen‹, und sofort brach ein Jubel, Dank und Lobgesang los. ›Es war ungewöhnlich. Ich habe so etwas noch niemals in meinem Leben erlebt‹, schrieb der Missionsleiter George Strachan, ›die Situation war völlig unter der Kontrolle des Heiligen Geistes. Viele sahen Visionen. Sie sahen Jesus am Kreuz und Jesus auf dem Thron. Einige sahen Engel, andere ein sehr helles Licht. Einige sprachen in anderen Sprachen. Einige erlebten körperliche Heilung. Aber das Wichtigste war: Ihr Leben war mit Gott in Ordnung gekommen. Allen war klar, wie wichtig Demut und Sensibilität dem Geist Gottes gegenüber ist.‹«[6]

Erweckung schenkt bevollmächtigtes Dienen

Gott hat in den Erweckungsbewegungen die Gnadengaben des Heiligen Geistes als Bevollmächtigung zum Dienst vielen erweckten Christen gegeben. Das volle Spektrum der Gnadengaben wurde aber erst in diesem Jahrhundert von der Gesamtgemeinde wieder entdeckt. Es hat dabei immer wieder Engführungen, Über- und Unterbetonungen gegeben, die der Gesamtgemeinde weltweit viel Not gemacht haben. Deshalb wollen wir uns vor Augen führen, dass alle Gnadengaben auf der Ebene der Gnade stehen, keine darüber und auch keine darunter. Das Neue Testament gibt nirgends eine vollständige Aufstellung der Gnadengaben. An vier Stellen – 1. Kor. 12,7-11; 1. Kor. 12,28; Eph. 4,11-12; Röm. 12,4-8 – finden wir Zusammenfassungen, die noch durch zwei weitere Stellen ergänzt werden: 1. Kor. 7,7; 1. Petr. 4,9.10. Das bedeutet, dass alles Nummerieren, Systematisieren und Klassifizieren dem Wesen der Gnadengaben entgegengesetzt ist und für die Gemeinde Gefahren

[6] Alison Griffith, »Fire in the Islands«, Wheaton 1997, S. 172-174

mit sich bringt. Wie leicht können sich Stufendenken und Rangordnungen einschleichen.

In diesem Überblick nun stellen wir alle Gnadengaben nebeneinander:

die Gabe der Weisheit,
die Gabe der Erkenntnis,
die Gabe des Glaubens,
die Gabe der Krankenheilung,
die Gabe der Wundertaten,
die Gabe der Prophetie,
die Gabe der Unterscheidung der Geister,
die Gabe der Sprachenrede,
die Gabe der Auslegung der Sprachenrede,
die Gabe des apostolischen Dienstes,
die Gabe des Lehrens,
die Gabe des Helfens,
die Gabe der Leitung,
die Gabe der Evangelisation,
die Gabe des Hirtendienstes,
die Gabe des Ermahnens,
die Gabe der Barmherzigkeit,
die Gabe des Gebens,
die Gabe der Ehelosigkeit,
die Gabe der Gastfreundschaft,
die Gabe des Predigens.

Entdecken der Gaben des Heiligen Geistes

Wie kann ich mir nun gewiss sein, welche Gabe der Herr mir anvertraut hat? Wie kann ich das göttliche Charisma für mich entdecken?

Die Grundlage für dies Entdecken ist klar: »In einem jeden offenbaren sich die Gaben des Geistes zum gemeinsamen Nutzen« (1. Kor. 12,7). Es gibt keine Ausnahme. Jeder wiedergeborene Christ hat von Gott eine Gnadengabe anvertraut bekommen, mindestens eine! Darum »dient einander, ein jeglicher mit der Gabe, die er empfangen hat« (1. Petr. 4,10).

Vom göttlichen Gesichtspunkt aus gesehen ist jede Gnadengabe eine souveräne Begabung und Bevollmächtigung durch Gott. »Der Heilige Geist teilt einem jeden seine Gabe zu, wie er will« (1. Kor. 12,11). Zu jeder göttlichen Berufung kommt eine göttliche Befähigung. Der Herr gibt nicht nur einen Auftrag, sondern durch die Gnadengaben auch die Ausrüstung für den Auftrag.

Vom Gesichtspunkt des einzelnen Christen aus gesehen, erfordert das Entdecken der Gnadengaben eine letzte Bereitschaft, dem Herrn so dienen zu wollen, wie er es für richtig hält. Darum hängt das Entdecken der Gnadengaben auch mit dem Verstehen der Führung des Heiligen Geistes in unserem Leben zusammen. Wenn wir dem Herrn in Gehorsam an dem uns von ihm angewiesenen Platz dienen, entdecken wir im Dienst die uns anvertrauten Gaben. Wir dürfen uns, wie Paulus sagt, nach den Gnadengaben ausstrecken. Unser Gebet sollte aber angemessene Motive haben. Es wird nicht lange dauern, dass in unseren Herzen eine stille Gewissheit heranwächst: Dies ist der Dienst, zu dem der Heilige Geist mich mit seinen Gaben ausgerüstet hat. Persönliche Freude und persönliches Erfülltsein werden folgen, auch wenn die äußere Situation noch gar nicht Anlass zur Freude gibt.

Die folgenden Skizzen der Gnadengaben möchten eine Hilfe sein, den wesentlichen Beitrag einer jeden Gnadengabe im Dienst in Gemeinde und Welt zu verstehen.

Zusammenfassung der Gnadengaben des Heiligen Geistes

Die Gabe der Weisheit tut sich in dem Wort der Weisheit kund, das eingebettet ist in Demut und Geduld. Es zeigt den Weg aus schwierigen Situationen heraus. Es kann warten, bis menschliche Weisheit ausgeredet hat, und redet nicht von oben herab (1. Kor. 12,8; 1. Kön. 3,16-28; Jes. 11,2; Lk. 20,20-26; Mt. 10,19; Apg. 6,3+6).

Gabe der Weisheit — Demut / Geduld → zeigt den Weg in Denken und Handeln
1. Kor. 12,8

Die Gabe der Erkenntnis kommt im Wort der Erkenntnis zum Tragen. Die Gabe schließt die großen Zusammenhänge im Wort Gottes auf, hebt die verborgenen Schätze des Wortes Gottes und macht diese deutlich in der Lehre. Die Gabe lässt auch verborgene Geheimnisse im Menschen erkennen und ist dadurch eine große Hilfe in der Seelsorge (1. Kor. 12,8; Röm. 11,33-36; Jes. 55,8-9; Apg. 5,1-11; Joh. 2,25; 4,16-19).

Gabe der Erkenntnis
(Wort der Erkenntnis)
1. Kor. 12,8

- **Die großen Zusammenhänge im Wort Gottes**
- **Verborgene Schätze im Wort Gottes** → **Lehre**
- **Verborgene Geheimnisse im Menschen** → **Seelsorge**

Die Gabe des Glaubens liest nicht nur Gottes Verheißungen, sondern sieht sie in Erfüllung. Die Gnadengabe des Glaubens sitzt nicht vor der Mauer menschlicher Unmöglichkeiten, sondern sieht schon jenseits der Mauer Gottes Möglichkeiten. Die Gnadengabe des Glaubens hebt das Gebet von der Ebene des Bittens auf die Ebene des Dankens (1. Kor. 12,9; Mt. 17,20; 1. Joh. 5,14-15).

Gabe des Glaubens
1. Kor. 12,9: **Gottes Verheißung lesen – vor der Mauer menschlicher Unmöglichkeiten**
Beten = Bitten

Gottes Verheißung in Erfüllung sehen – jenseits der Mauer Gottes Möglichkeit
Beten = Danken

Die Gabe der Heilung: Bei einem verantwortungsvollen Dienst gilt es zu erkennen: Will Gott sich durch Heilung der Krankheit oder in der Krankheit verherrlichen? Ist die Krankheit eine Folge der Sünde? Stehen hinter der Krankheit dämonische Mächte? Führt diese Krankheit zum Tode? Stellt die Krankheit eine Schule Gottes dar? (1. Kor. 12,9; 12,29, Joh. 9,2-3; Apg. 3,6-8; 8,6-7; 14,9-10; 28,8-9; 4. Mose 12,10-15; Lk. 1,20; Jak. 5,15-16; Lk. 13,16; 11,14; 2. Kön. 15,1-5).

Krankheit zur Verherrlichung Gottes

Joh. 9,2-3; Apg. 3,6-8

Die Gabe der Wirkungen von Kräften hat in der Geschichte Israels und der Kirche viele Beispiele. Sie setzt Zeichen in einer antichristlichen und pseudochristlichen Umwelt (Hebr. 2,4; 6,5; 1. Kor. 12,10+28; Mt. 10,1+7-8; Apg. 4,29-31; 5,12-15; 14,9).

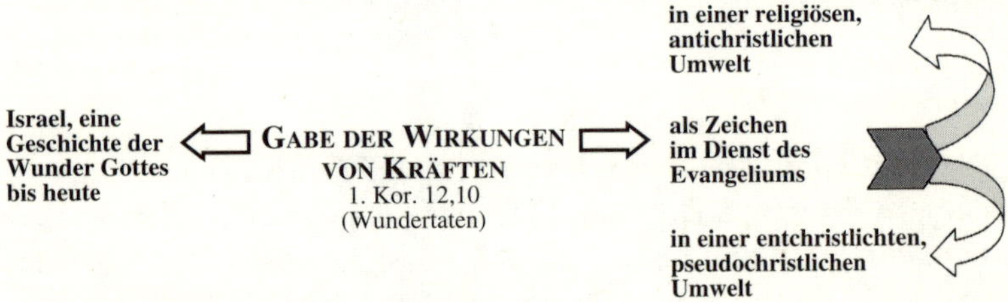

Unter *der Gabe der Prophetie* wird die Botschaft Gottes äußerlich hörbar oder innerlich im Geist empfangen. Gott benutzt sein Wort, Träume, Visionen und Bilder. Der Empfänger wird zum Mund Gottes in der Verkündigung oder Seelsorge, wobei seine Botschaft persönlich aufdeckt, ermahnt, auferbaut, tröstet und in die Zukunft weist (1. Kor. 12,10+20; 14,1; 1. Sam. 9,9-10; 2. Mose 7,1-2; Jer. 1,5+9; Jes. 6,1-7; 1. Sam. 3,4; 1. Kor. 14,3+14-25; Apg. 5,3-4; 2. Sam. 12,1-12; 1. Kor. 14,29-33; 1. Thess. 5,20-21).

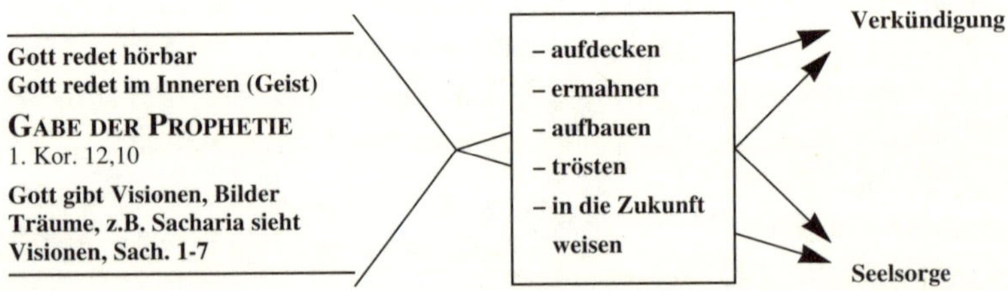

Die Gabe der Unterscheidung der Geister grenzt das geistliche Leben und Handeln gegenüber der seelischen Imitation und satanischen Unterwanderung ab. Sie ist eine echte Hilfe für den Dienst an dämonisch Belasteten und für ein diszipliniertes Praktizieren der Gnadengaben (1. Kor. 12,10; 1. Kor. 2,12-14; 1. Thess. 5,21-22; Hebr. 4,12; Apg. 16,17-18; 1. Kor. 12,3; 1. Joh. 4,2; Mt. 7,15-20).

Die Gabe der Sprachenrede. An Pfingsten wurde die Sprachverwirrung als Folge des Turmbaus zu Babel durch die Ausgießung des Heiligen Geistes überwunden. Die Gnadengabe der Sprachenrede ermöglicht, in einer fremden Sprache das Evangelium zu verkündigen, im persönlichen Sprachengebet über den Verstand hinaus Gott anzubeten und Fürbitte zu tun und in der Gemeinde in Verbindung mit der Gabe der Auslegung Gottes Absichten weiterzugeben. *Die Gabe der Auslegung* übersetzt nicht die Sprachenrede, sondern erfasst die geistliche Thematik und legt diese aus (1. Kor. 12,10; Apg. 2,4-11; 1. Kor. 14,13-19+23+27-28).

Die Gabe des Apostolischen Dienstes macht den Missionar fähig, das Evangelium in einer anderen Kultur zu verkündigen, neue Gebiete für das Evangelium zu öffnen und neue Gemeinden zu gründen, sie zu unterrichten und aufzuerbauen. So ist der Missionar zugleich Pionier, Prediger, Lehrer, Planer und Seelsorger

(Apg. 1,21-22) Sonderstellung der 12 Apostel (Apg. 13,1-3; Gal. 2,7-9; 2. Kor. 12,12) Paulus, ein berufener, bestätigter und beglaubigter Apostel; Andronikus, Junias sind Apostel vor Paulus gewesen (Röm. 16,7; 1. Kor. 12,28; Eph. 4,11).

Gabe des Apostolischen Dienstes
1. Kor. 12,28
Pionier, Prediger, Lehrer, Planer, Seelsorger

- **Das Evangelium in fremder Kultur verständlich machen**
- **Neue Gebiete eröffnen**
- **Neue Gemeinden gründen, unterrichten und aufbauen**

Die Gabe des Lehrens stellt die Wahrheiten der Schrift einfach und allen verständlich dar. Das biblische Lehren vermittelt nicht nur Wissen, sondern führt in den Gehorsam. Lehren bedeutet Leben formen. Die Gabe wird denen gegeben, die das Wort Gottes als absolute Richtschnur (norma normans) anerkennen und hingehen und »lehren alles, was ich euch befohlen habe«. Sie wird auch Frauen gegeben, wenn sie nicht öffentlich gebietend lehren und sich über den Mann stellen (1. Kor. 12,28; Röm. 12,7; Eph. 4,11; Tit. 2,3; 2. Tim. 3,14-15; 1,5; 1. Tim. 2,12; Apg. 18,26; Röm. 16,3-5; Phil. 4,2-3).

Gabe des Lehrens
1. Kor. 12,28

- ☞ **stellt die Wahrheiten der Schrift einfach und klar dar**
- ☞ **vermittelt nicht nur Wissen, sondern führt zum Gehorsam**
- ☞ **Lehren bedeutet Leben formen**
- ☞ **führt den Missionsbefehl aus: »und lehret sie alles, was ich euch befohlen habe«**
- ☞ **wird solchen gegeben, die das Wort Gottes als absolute Richtschnur und kostbarstes Gut handhaben**
- ☞ **wird auch Frauen gegeben, wenn sie nicht öffentlich gebietend lehren und sich über den Mann stellen; Priscilla: Apg. 18,26; Röm. 16,3; 1. Tim 2,12**

Die Gabe des Dienens hat einen weiten Skopus. Sie rüstet aus zum sozialen Dienst an Witwen und Waisen, zum medizinischen Dienst an Kranken, zum Besuchsdienst an Gefangenen, Einsamen und Angefochtenen, zum administrativen Dienst im Reich Gottes und zum Dienst der Hilfeleistungen in der Gemeinde (1. Kor. 12,28; Röm. 12,7; 16,1-2; 1. Kor. 16,15; Apg. 6,1-7; 9,36-41).

GABE DES DIENENS (diakonia) und der Hilfeleistung (antilempsis)
Röm. 12,8 1. Kor. 12,28

Sozialer Dienst
Witwen, Waisen
Arme

Medizinischer Dienst
Krankenbehandlung
Krankenbetreuung

Besuchsdienst
Gefangene, Einsame
Angefochtene

Administrativer Dienst:
Korrespondenz
Finanzen im
Reich Gottes

Hilfeleistungen in der Gemeinde:
Kochen
Nähen
Säubern

Die Gabe der Barmherzigkeit bringt Gottes Mitleiden mit dieser Welt zum Ausdruck. Sie ist im Gegensatz zum menschlichen Mitleid, das spontan und unbeständig ist, unabhängig vom Gemüt und den Umständen und fließt wie ein Strom in die Not der Menschen hinein (Röm. 12,8).

GABE DER BARMHERZIGKEIT
Röm. 12,8

Menschliches Mitleid

spontan unbeständig

Tropfen

Not der Menschen

Gottes Barmherzigkeit

Gabe der Barmherzigkeit
– unabhängig vom Gemüt und den Umständen

ein Strom

Die Gabe der Leitung macht geistliches Führen möglich, das wie Jesus als Hirte zugleich *vor* den Schafen hergeht, *unter* den Schafen ist und aus der Mitte führt und sich auch *hinten* um das letzte Schaf kümmert. Dagegen ist menschliches Führen oft durch den diktatorischen Führungsstil von vorne oder den populären Führungsstil aus der Mitte oder den ängstlichen Führungsstil, der sich hinten versteckt, geprägt (1. Kor. 12,28; Röm. 12,8; Joh. 10,4+9+11; Lk. 15,4-6).

Gabe der Leitung ☞ Geistliches Führen
1. Kor. 12,21; Röm. 12,8

- ☞ von vorne führen Joh. 10,4
- ☞ aus der Mitte führen Joh. 10,9+11
- ☞ von hinten führen Luk. 15,4-6

Menschliches Führen

- ☛ Entweder der diktatorische Typ
- ☛ oder der populäre Typ
- ☛ oder der angstvolle Typ

Die Gabe der Ermahnung umfasst den Dienst des Tadelns, Ermutigens, Mahnens und Tröstens. Sie ist Gottes Zurüstung für das seelsorgerliche Gespräch und die seelsorgerliche Verkündigung. Sie nahm besonders in dem Dienst des Barnabas Gestalt an (Röm. 12,8; Phil. 4,2; Gal. 2,11-14; Hebr. 3,12-13; Apg. 15,32; 2. Kor. 2,6-8; Barnabas: Apg. 4,36; 9,27-28; 11,22-24; 11,25-26; 15,36-41).

Gabe der Ermahnung, der Seelsorge
Röm. 12,8

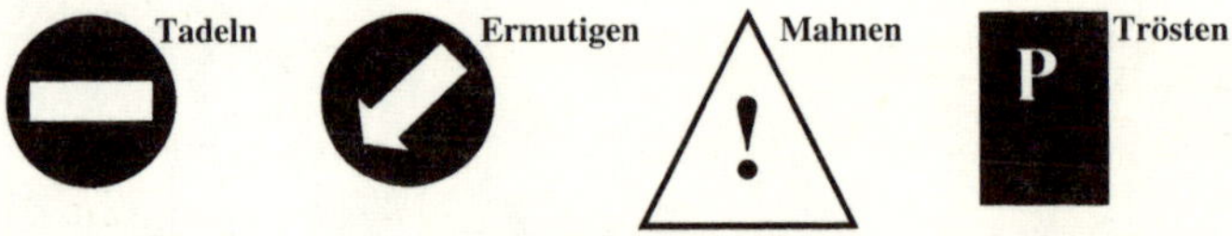

Phil. 4,2 Hebr. 3,12-13 Apg. 15,32 2.Kor. 2,6-8

Barnabas = Sohn des Trostes

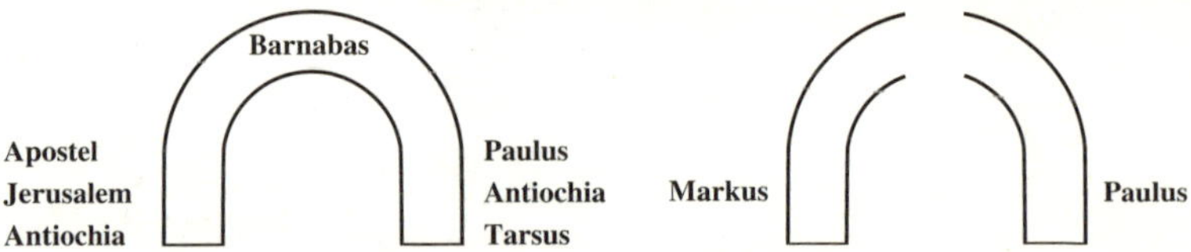

Die Gabe des Gebens sorgt dafür, dass Hilfen und Finanzen zur richtigen Zeit in der richtigen Größenordnung an den richtigen Platz kommen. Dabei geschieht das Geben mit Einfalt, das heißt offen, aufrichtig, frei von Hintergedanken, Berechnung und Hoffnung auf Anerkennung (Röm. 12,8; Mal. 3,10; Mt. 6,1-4; 2. Kor. 8,7).

Gabe des Gebens ➡ **Gibt mit Einfalt, wie »Tuch ohne Falten« – aplotes also: offen, aufrichtig, frei von Hintergrundgedanken und Berechnung**
Röm. 12,8

Die Gabe der Ehelosigkeit rüstet für besondere Aufgaben im Reich Gottes zu, wie entlegener Missionsdienst, Mutter für Waisenkinder, Rettungsdienst an Alkoholikern und Suchtkranken, Betreuungsdienst von Kranken und kontinuierlicher Reisedienst. Ehelosigkeit ist aber nicht eine Stufe zu einem heiligeren Stand (1. Kor. 7,7).

GABE DER EHELOSIGKEIT
1. Kor. 7,7

Besondere Aufgaben im Reich Gottes:

- **entlegener Missionsdienst**
- **Mutter für viele Waisenkinder**
- **Rettungsdienst an Alkoholikern und Suchtkranken**
- **Betreuungsdienst der Kranken in der Gemeinde**
- **kontinuierlicher Reisedienst**

Die Gabe der Gastfreundschaft rüstet bestimmte Christen aus, Gastfreundschaft im Reich Gottes als geistlichen Auftrag auszuführen. Ihre Häuser und Wohnungen sind geistliche Oasen für reisende Reichsgottesarbeiter und Zufluchtsorte für verfolgte Christen (1. Petr. 4,9-10).

GABE DER GASTFREUNDSCHAFT
1. Petr. 4,9-10

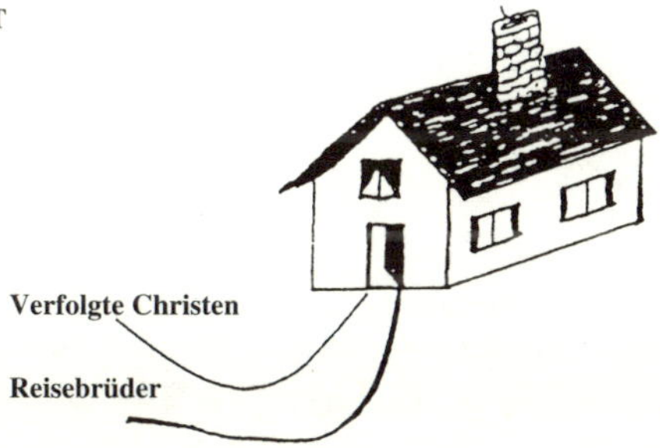

Die Gabe der Evangelisation ist nach außen gerichtet. Sie holt Fernstehende und Nichtgläubige dort ab, wo sie sich befinden. Sie ermöglicht es, die Heilstaten Gottes einfach und überzeugend darzustellen, getragen von der suchenden Gottesliebe und dem heiligen Ernst des Entscheidungscharakters der Botschaft. Das evangelistische Reden kann vor Tausenden von Menschen geschehen oder im persönlichen Gespräch von Mensch zu Mensch. Es kann in Sprache und Methodik auf bestimmte Gruppen, wie Kinder, Jugendliche, Studenten, Slum-Bewohner usw. abgestimmt sein (Eph. 4,11; Apg. 8,5-12; 8,26-40; 21,8; 2. Tim. 4,5).

GABE DER EVANGELISATION
Eph. 4,11

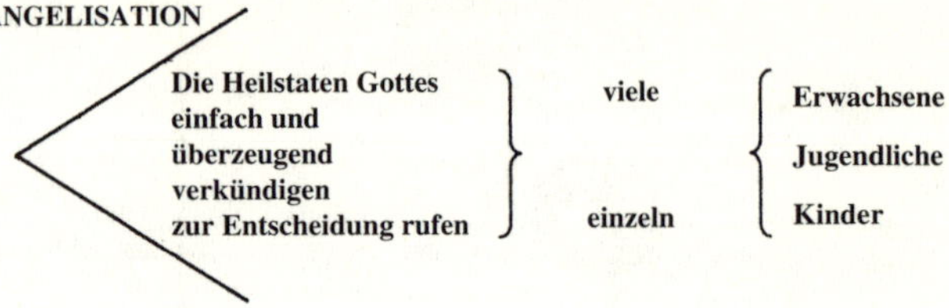

Die Gabe der Predigt bewirkt, dass eine Predigt in Inhalt, Form und Darbietung als Gottes Wort und Anruf verstanden wird und nicht nur als Menschenwort. Dabei können bei einer Predigt gewisse Betonungen und Elemente im Vordergrund stehen, die mit bestimmten Gnadengaben in Verbindung stehen, wie das evangelistische, prophetische, seelsorgerliche oder lehrhafte Element (1. Petr. 4,10-11; Apg. 2,14+37; 1. Kor. 2,1-5).

GABE DER PREDIGT
1. Petr. 3,10

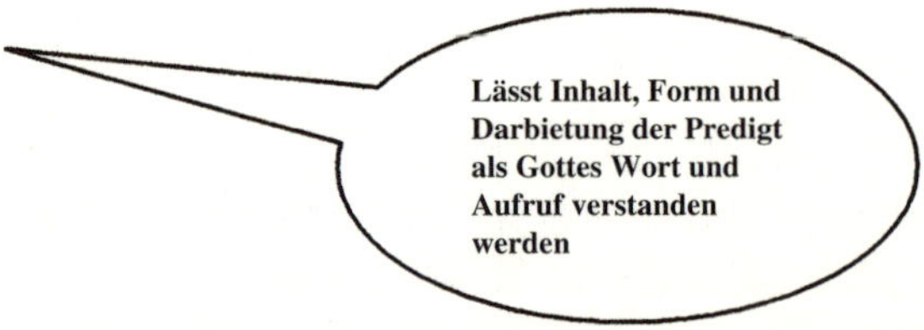

Wohl kaum eine Gabe ist so umfassend wie die des *Hirtendienstes*. Sie schließt die Gabe des Leitens, des Lehrens und des Ermahnens ein. Jesus leidet an der Hirtenlosigkeit seines Volkes (Mt. 9,35-38); er fordert seine Jünger auf, zu den verlorenen Schafen Israels zu gehen, und bevollmächtigt sie zu predigen, zu heilen und zu segnen. Im 23. Psalm beschreibt David, der ja selbst die Herden seines Vaters gehütet hat und vom Hirtendienst einiges verstand, den Gott

Israels als den großen Hirten, dessen Dienst für die Herde wir Vers für Vers auf den Dienst beziehen, den wir in unseren Gemeinden genießen und vermissen, ihnen anbieten oder verweigern. Es handelt sich auch hier um eine Geistesgabe in vielfältiger Ausprägung:

Zunächst: Es ist der Herr, der vollkommene Hirte, der seine Gaben in unterschiedlicher Vielfalt für unterschiedliche Bedürfnisse gibt. Und er sendet seine Jünger und Jüngerinnen aus, den Gemeinden gerade mit dem zu dienen, was sie brauchen, damit diese ihrerseits den ihnen zugewiesenen Dienst dort tun können, wo sie leben.

1. Der Hirt weiß, dass er selbst einen treuen Hirten hat;
2. Hirtenaufgabe ist, frische geistliche Kost zu bieten;
3. Mutlose, Ermattete, Verzweifelte richtet er auf;
4. Er führt an die Quelle gesunden Wassers: Gottes heiliges Wort;
5. Er kennt den Weg und führt auf guter, gehbarer Straße: Leitung;
6. Er arbeitet im Auftrag eines liebevollen Oberhirten: Seelsorge;
7. Er stellt sich und die Gemeinde unter den Schutz Gottes und freut sich über diese innige Gemeinschaft;
8. Bedrohung der Gemeinde erkennt er rechtzeitig, sorgt für Abwehr;
9. Glaubend sehnt er machtvolles Wirken des Heiligen Geistes herbei;
10. Er weiß, was die Gemeinde braucht, und hört nicht auf, ihre Erwartungshaltung für die Gaben Gottes zu stärken.

Das Zeugnis dieser Gemeinde wird unübersehbar sein.

Gabe des Hirtendienstes
nach Psalm 23 in der Gemeinde

verwirklicht den Hirtendienst Gottes
Eph. 4,11: »Hirten – Lehrer« (ohne Artikel)

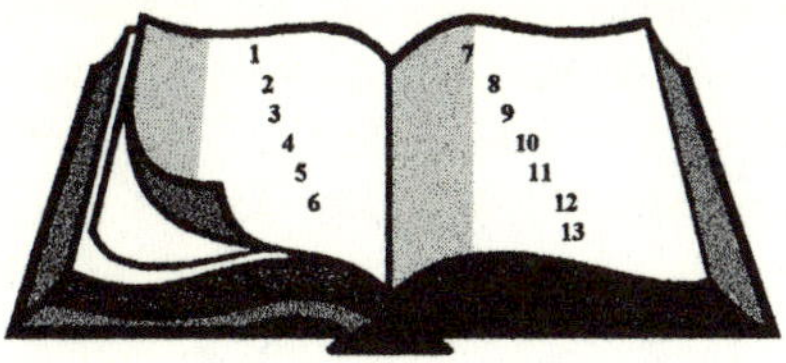

Vom Gesichtspunkt der Gemeinde aus erfordert die Entdeckung der Gnadengaben ein waches Auge des Hirten und der Ältesten. Sie haben nämlich die Gnadengaben der einzelnen Christen und Mitarbeiter zu bestätigen. Dieses Bestätigen kann durch einen offensichtlich durch den Heiligen Geist beglaubigten Dienst innerhalb oder außerhalb der Gemeinde geschehen. Es kann aber auch durch ein direktes Reden des Heiligen Geistes kommen, so wie in Antiochien, als der Heilige Geist die Berufung von Paulus und Barnabas zum Missionsdienst bestätigte.

Auf jeden Fall sollten wir uns untereinander durch Bestätigen der Gnadengaben ermutigen. Selbst ein Timotheus brauchte diese Ermutigung. Das hilft uns auch, in dem von Gott gegebenen und von der Gemeinde bestätigten Dienst zu bleiben, wenn wir vor schwierigen Situationen stehen.

Der Geber aller Gaben

Wichtiger als alle Gnadengaben ist der Geber aller Gaben, der Herr Jesus Christus, und unsere persönliche Beziehung zu ihm. Er sagt: »Ich bin der Weinstock, ihr seid die Reben. Wer in mir bleibt und ich in ihm, der bringt viel Frucht; denn ohne mich könnt ihr nichts tun« (Joh. 15,5). William Lerrick, einer der timoresischen Gottesboten, die durch die Erweckung geprägt worden sind, hat in seinem Buch »Unsere Vollmacht in Christus«[7] immer wieder darauf hingewiesen, dass die Gaben des Heiligen Geistes christozentrisch zu verstehen sind. Er schreibt:

Ich habe nicht nur einzelne Gaben, sondern den Geber aller Gaben in mir. Die Gaben sind nicht in erster Linie das, was ich zu tun vermag, sondern was der Herr Jesus zu tun vermag in mir und durch mich. Das heißt: Die Gaben sind die Offenbarungen und Demonstrationen dessen, was der Herr Jesus zu tun vermag in dir und in mir, durch dich und durch mich. Vergleiche dazu 1. Kor. 12,7-11:

[7] William Lerrick, »Unsere Vollmacht in Christus«, Buchs, 1992, S. 16-17

Der Herr Jesus ist der, der alle Weisheit und alle Erkenntnis hat (Kol. 2,3). Sein Geist ist der Geist des Glaubens (2. Kor. 4,13). Er ist der, der heilt; er ist es, der die Kraft Gottes ist (1. Kor. 1,24). Er tut die Wunder. Er kennt alle Zusammenhänge der Vergangenheit, der Gegenwart und der Zukunft (prophetische Rede). Er sieht alles klar in der sichtbaren und unsichtbaren Welt (Unterscheidung). Er spricht alle Sprachen und versteht alle Sprachen.

Wenn man die Gaben nicht auf diese Weise betrachtet, kommt man in große Gefahr, verführt zu werden. Man meint dann z.B., wenn gewisse Gaben im Leben eines Christen funktionieren, dass man dadurch eine bestimmte Heiligkeitsstufe erreicht hätte. Oder man denkt, man könne gewisse Gaben nach eigenem Gutdünken verwalten. Oder man kommt unter Erwartungs- und Erfolgsdruck. Der Stolz schleicht sich langsam ein. Man kann schließlich auch Gott die Ehre rauben und daran zu Fall kommen. Man kann nicht mehr in Gelassenheit und Entspannung dem Herrn dienen, sondern ist vom Gedanken getrieben, von der *Gabe, die man hat*, etwas präsentieren zu müssen. Man fängt an, in eigener Regie eine Rolle zu spielen. Als Christ sollte man aber »eingerollt« sein in die Rolle, die der Herr spielt.

Deshalb: An erster Stelle steht der Herr Jesus, nicht die Gabe. Gaben sind Ergebnisse meines Wandels mit dem Herrn und sind nicht etwas Separates. Darum: Wenn ich mich bemühe, auf die eine oder andere Weise Gaben zu erhalten, verhalte ich mich wie einer, der in die Luft schlägt. Wenn ich jedoch den Herrn Jesus suche und normal mit ihm lebe (Gottes Normen gemäß), wird er sein Vermögen in meinem Leben und Dienst demonstrieren. Die Gaben werden zur Entfaltung kommen. So besteht keine Möglichkeit für mich, Gott die Ehre zu rauben. Ich kann niemals behaupten, dass ich etwas geleistet habe, sondern ich kann nur dankbar sein, dass Er in meinem Leben etwas durch mich ausgeführt hat.

Ich freue mich, dass William Lerrick als Frucht der timoresischen Erweckung auf Studenten-Retraiten in der Schweiz »eine ausgezeichnete, vollmächtige, fröhlich-ernste, unverkrampfte, biblisch orientierte und fundierte Seelsorgearbeit« getan hat, wie Prof. Dr. Samuel Külling im Vorwort des Buches schreibt.

Ein Lehrer entdeckt Gottes Gnadengabe

Aus einem Gespräch mit ihm in Soe, Timor, im Juli 1995:

»Wir waren im Teameinsatz. Nachdem unser Team durch Wort und persönliche Zeugnisse das Evangelium verkündigt hatte, gaben wir der Gemeinde die Gelegenheit zur persönlichen Seelsorge. Alle Teammitglieder waren schon beschäftigt, nur ich noch nicht. Da kam ein Mädchen auf mich zu und bat um Gebet, denn sie hatte von Geburt an einen schiefen Mund. Ich hatte noch nie für einen kranken Menschen gebetet. Ich setzte mich dem Mädchen gegenüber und nahm ihre beiden Hände in meine Hände und seufzte zum Herrn und begann, um ihre Heilung zu beten. Da begannen ihre Hände zu zittern. Schließlich bewegten sie sich durch Gottes Kraft auf und ab. Als ich ›Amen‹ gesagt hatte, sah ich, wie Schweiß ihr Gesicht bedeckte und ihre Kleidung schon feucht von Schweiß war. Dann sah ich, wie ihr Mund sich bewegte und eine normale Stellung einnahm. Ich kann die Freude nicht beschreiben, die mich in jenen Augenblicken erfüllte. Ich dankte dem Herrn und pries ihn von ganzem Herzen. Dann erfüllte mich tiefer Friede: Ich war von Jesus gebraucht worden.«

Von Menschen abgelehnt, aber von Gott berufen

Sie stützte sich beim Gehen auf zwei Krücken. Dadurch hatte sie einen schiefen Rücken bekommen. Als kleines Kind hatte sie Kinderlähmung gehabt. Nachdem sie das Abitur gemacht hatte, wollte sie sich für den Dienst im Reiche Gottes am Bibelinstitut in Batu ausbilden lassen. Aber das Aufnahmegremium lehnte sie ab, weil es meinte, dass ihre körperliche Verfassung eine solche Ausbildung nicht erlaube und sie auch später kaum einen Arbeitsplatz finden könnte. Ich aber sah, dass Gott seine Hand auf das Leben dieser jungen Frau mit ihrem fröhlichen, hübschen Gesicht gelegt hatte. Wir stellten sie im Büro des Bibelinstituts ein, und bald war sie meine Sekretärin; klug, praktisch begabt und mit einem brennenden Herzen für Jesus. Sie baute das zentrale Büro für alle Abendbibelschulen in Indonesien mit auf und dann bekam sie doch eine Gelegenheit zum Studieren. Sie schloss ihr Studium sogar mit einem Masterdegree ab und unterrichtet heute Griechisch, Hebräisch und Altes Testament im Bibelinstitut in Batu, auf Krücken, mit fröhlichem Herzen unter der Gnadengabe des Heiligen Geistes!

Ein Superintendent berichtet

Superintendent J. N. E. Daniel des Kirchenkreises Mitteltimor schreibt in seinem offiziellen Bericht:

»Menschen, die niemals zuvor ein Zeugnis über die Liebe Christi gegeben hatten, standen plötzlich, getrieben vom Heiligen Geist, auf und sprachen mutig über die Liebe Gottes, die sie erfahren hatten, und überführten dadurch andere ihrer Sünden. Sie gingen in Gruppen hinaus, um in weit entfernten Dörfern Zeugnis abzulegen. Ein jeder trug ein kleines Bündel mit Kleidung, eine Bibel, ein Gesangbuch und etwas Proviant. Nicht selten legten sie 200 km zu Fuß zurück. Manchmal wurden sie von einem Lastwagen mitgenommen. Manchmal schliefen sie unter einem Baum. Um ihren Auftrag zu erfüllen, rüstete sie der Herr mit Gaben des Heiligen Geistes aus: der Gabe, Wunder zu tun, der Gabe zu heilen, der Gabe der Prophetie, der Gabe, in Sprachen zu reden, kurz mit allen Gaben, die in 1. Korinther 12 erwähnt werden. Die Zahl der Leute, die unter ihrem Heilungsdienst geheilt worden sind, geht in die Tausende. Lahme konnten gehen, die Tauben hören, die Aussätzigen wurden von ihrer furchtbaren Krankheit frei. Einige Teams setzten auf die Nachbarinseln Rote und Sumba über, ja erreichten Java und Sumatra.«

Nicht fähig aufzustehen, aber fähig das Evangelium zu verkündigen

Eine Schweizer Missionarin, die in Chile unter Laoten arbeitet, berichtet:

»Eine Laotin, Satanstänzerin aus Laos, kam als MS-Kranke zum lebendigen Glauben an Jesus. Die Schweizer Missionarin, die sie zu Jesus geführt hatte, nahm sie in ihr Haus auf, weil sie von ihrem Mann verstoßen worden war. Sie lernte, vom Bett aus das Evangelium durch Bilder zu verkündigen. Fast jeden Tag kamen Laoten, um sie zu besuchen, oft von weit her angereist. Laoten im Exil sind sehr schwer mit dem Evangelium zu erreichen. Hier am Krankenbett begegneten sie einer leidenden und doch frohen Landsmännin, die mit der Gewissheit des ewigen Lebens dem Tode entgegenging. Ihr Zeugnis brachte nicht wenige von ihnen zum Glauben an Jesus Christus.«

Erweckung schenkt Lobpreis und Anbetung im Geist

Eine erweckte Gemeinde ist eine singende und anbetende Gemeinde. Sie steht in einer uralten, sich immer wieder erneuernden Tradition. Denn Lobpreis, Dank und Anbetung ist die Antwort des Volkes Gottes und seiner einzelnen Glieder auf Gottes Reden, Erretten, Erbarmen, Vergeben, Heilen und Helfen. Lobpreis und Anbetung wurzeln also in einer persönlichen, lebendigen Gottesbeziehung und Erfahrung. Ist diese lebendige Gottesbeziehung im Glauben nicht gegeben, ist sie verschüttet oder durch Sünde und Ungehorsam getrübt, wird jeder Lobpreis und jede Anbetung zu einer Liturgie der leeren Worte, zu einer frommen Gewohnheit oder gar zu einer geistlichen Heuchelei.

Auf der anderen Seite aber, wenn Lobpreis, Dank und Anbetung des Volkes Gottes und seiner Glieder existentiell wahr sind, das heißt aus einem glaubenden, liebenden und Gott ergebenen Herzen entspringen, sollen die Ausdrucksformen dieses Lobpreises und dieser Anbetung vom Inhalt bestimmt und in die Kultur des Landes und der Zeit eingebettet sein. Daher ist es schon ein faszinierendes Unterfangen zu beobachten, wie die Gemeinde Jesu weltweit ihre Liebe und Anbetung dem dreieinigen Gott gegenüber in den verschiedenen Kulturen zum Ausdruck bringt und jede Generation von Christen, gerade wenn ihr Glaubensleben neu erweckt wird, ihre Glaubens- und Anbetungslieder schafft und zugleich einen Zugang zu dem Liedgut der Väter findet.

»Ich erlebte es, wie die ersten Christen unter dem Volk der Kirgisen in Zentralasien ihr erstes, von ihnen selbst geschaffenes Glaubens- und Anbetungslied sangen.

Ich stand staunend davor still, dass als Folge der Erweckung in Indonesien plötzlich überall Bibelverse vertont wurden und die Musikalität der indonesischen Völker in einer reichen, ungeahnten Vielfalt der Anbetung ihren Niederschlag fand, wobei auch ein Teil des alten, westlichen Liedguts nicht mehr als fremd empfunden wurde. In der Abendbibelschule in Jakarta sangen die Männer und Frauen, die direkt aus dem Berufsleben gekommen waren, vor der ersten Unterrichtsstunde einige Lieder zum Umschalten und Wachwerden. Da geschah eine Veränderung. Immer mehr der gut 100 Männer und Frauen kamen schon eine halbe Stunde vor Beginn des Unterrichts und begannen im Stehen Anbetungslieder zu singen, so dass wir Lehrer in eine anbetende Gemeinde hineinkamen. Sie sagten: ›Wenn wir uns auf Jesus konzentrieren und ihn anbeten, lassen wir den Berufsalltag hinter uns. Wir freuen uns, Jesus unseren Dank und Lobpreis bringen zu dürfen und so ganz offen und bereit für das Studium des Wortes Gottes zu werden.‹«

Es ist gut, die uralte Tradition des Lobpreises im Alten Testament zu studieren und die Ausdrucksformen des Gesangs und der Anbetung kennen zu lernen:

- den Lobgesang Moses nach der Durchquerung des Roten Meeres (2. Mose 15,1-19) und den besonderen Lobgesang der Frauen unter der Führung Mirjams mit Pauken und Reigentanz;
- das Glaubens- und Bundeslied, welches Mose als Vermächtnis dem Volk Israel verfasste, Gott allein nachzufolgen (5. Mose 31,19+22+30);
- die Freude, welche David und das ganze Volk Israel bei der Heimholung der Bundeslade zum Ausdruck brachten, als sie mit aller Macht vor Gott tanzten und Psalter und Lieder unter der Begleitung von Harfen, Zimbeln, Trompeten und Pauken sangen;

- das Singen im Reigen: Alle meine Quellen sind in dir (Ps. 87,7), das Neue Lied im Reigen mit Pauken, Harfen, Saitenspiel, Pfeifen und Zimbeln (Ps. 149,1-3; Ps. 150,4);
- das Frohlocken und Jauchzen vor Gott, dem Hort des Heils (Ps. 95,1-2);
- das Loben und Jauchzen des Volkes bei der Grundsteinlegung des Tempels, das so laut war, »dass man den Schall weithin hörte«, wobei betagte Priester und Leviten weinten (. . .).

So sah das Gotteslob des alttestamentlichen Gottesvolkes aus, das seinen Ursprung in der Gottesbegegnung hatte. Andere Völker und Kulturen werden ihren Lobgesang anders zum Ausdruck bringen. Dieser ist aber nur in der Form anders. Der Inhalt ist derselbe, denn er gründet sich auf die Begegnung mit demselben Gott.

Eine neue Dimension der Anbetung

Im Neuen Testament aber bricht eine neue Dimension der Anbetung an. Jesus sagt der Samariterin am Brunnen: »Es kommt die Zeit und ist schon jetzt, in der die wahren Anbeter den Vater anbeten werden im Geist und in der Wahrheit, denn auch der Vater will solche Anbeter haben. Gott ist Geist, und die ihn anbeten, die müssen ihn im Geist und in der Wahrheit anbeten« (Joh. 4,21+23-24).

Jeder wiedergeborene Christ ist zur Anbetung im Geist und in der Wahrheit gerufen. Anbetung ist Teil seines neutestamentlichen Priestertums (1. Petr. 2,9), und zwar sowohl in seinem persönlichen Gebetsleben als auch in der Gemeinde. Ein Brenn- und Entscheidungspunkt der antichristlichen Zeit wird die wahre Anbetung sein. Deshalb heißt das verborgene Thema der Offenbarung auch Anbetung. Es ist darum nicht verwunderlich, dass das erweckliche Wirken des Heiligen Geistes die Gemeinde Jesu weltweit heute zu den Quellen, Inhalten und Formen wahrer Anbetung zurückführt.

Wir müssen allerdings zwischen Anbetung auf der Ebene des Geistes und Anbetung auf der Ebene der Seele unterscheiden. Ja, es kann eine »fleischliche« Anbetung geben. Paulus unterscheidet in 1. Kor. 2,15 den geistlichen Menschen (anthropos pneumatikos) vom seelischen Menschen (anthropos psychikos) (1. Kor. 2,14) und vom fleischlichen Menschen (anthropos sarkikos) (1. Kor. 3,3). Es geht nicht um einen Gefühlstrip, in dem ich mich im Gottesdienst wohl fühle oder für Augenblicke die leidige Umwelt vergessen kann, also Anbetung um ihrer selbst willen. Das wäre anthropozentrische Anbetung. Es geht nicht darum, eine Gottesdienstgemeinde durch gefühlsbetonte Lieder in Stimmung zu versetzen und durch einen starken Willen mitzureißen. Es geht auch nicht darum, theologisch hochgestochene Gebete zu formulieren. Das wäre Anbetung, die allein vom Gefühl, vom Verstand und vom Willen bestimmt wäre, also seelische Anbetung. Sondern es geht um ein Anbeten auf der Ebene des Geistes: Der Heilige Geist, der den ganzen Menschen erfüllt und regiert, nimmt mein Denken, Wollen und Fühlen so in die Anbetung hinein, dass sie ganz auf Jesus ausgerichtet sind. Dabei gebraucht der Heilige Geist alle Gaben und Begabungen, die mir anvertraut sind, unter seiner Leitung und Disziplin.

Einklang von Form und Inhalt

Der ganze Mensch, wiedergeboren, durch und durch erfüllt mit dem Heiligen Geist, wird also zum Anbeter im Geist. Dabei steht die äußere Gebärde des Anbetens ganz im Dienst und im Einklang mit dem Inhalt der Anbetung. Die Bibel kennt eine Vielfalt von Gebetshaltungen. Das Stehen vor Gott war ein Ausdruck der Fürbitte, des In-den-Riss-Tretens und auch des Lobens (1. Mose 18,22; Hes. 22,30; Psalm 135,1-3; 2. Chr. 5,11). Das Niederfallen (oft auch aufs Angesicht, aber niemals auf den Rücken) macht die Sündhaftigkeit des Menschen vor der Größe, Heiligkeit und Souveränität Gottes deutlich (5. Mose 9,18; 1. Chr. 29,20; Apg. 20,36), auch die Ergebenheit in Seinen Willen (Mt. 26,39). Die Gebetshaltung »vor dem Herrn liegen« (Dan. 9,18) bringt die Ernsthaftigkeit, Anspruchslosigkeit und das Im-Gebet-Verharren zum Ausdruck. Im Niederknien bezeugt der Beter Demut und Ergebenheit (Luk. 22,41; Apg. 20,36; 21,5). Abraham betete mit emporgehobenen Händen (1. Mose 14,22). Die Hände emporheben zusammen mit den Herzen bedeutete ein offenes Sündenbekenntnis (Klagel. 3,41-42). Durch Beten mit emporgehobenen Händen brachten die Psalmisten Anbetung, Lob, Preis und Dank zum Ausdruck (Psalm 63,5; Psalm 134,2), aber auch ihre Sehnsucht nach Gott (Psalm 28,2). Die Augen im Gebet emporheben macht deutlich, dass der Beter sich von der unsichtbaren Gotteswelt umgeben weiß. Das Emporschauen ist zugleich ein Hindurchschauen. Jesus betete so das hohepriesterliche Gebet (Joh. 17,1). Für die Gebetshaltung des Händefaltens und Augenschließens finden sich in der Schrift keine direkten Belege. Sie steht aber im Einklang mit dem Gesamtzeugnis der Schrift über das Gebet und bringt die Konzentration auf das Gebet und auf die Gegenwart des Herrn zum Ausdruck. In germanischer Tradition bedeutet das Händefalten Ergebenheit einem höheren Herrn gegenüber.

In Erweckungszeiten wirkt der Geist Gottes in den Gemeinden und im persönlichen Leben ein reiches Gebetsleben, in dem Inhalt und Form zu einer Einheit verschmelzen. Geistliche Dürrezeiten sind oft durch Gebetsformen ohne Inhalt gekennzeichnet. Erweckungszeiten bringen aber auch ein tiefes Bewusstsein in die Gemeinde, dass nur das Erlösungswerk Jesu auf Golgatha Christen zu wahren Anbetern macht. Denn bei Anbetung in der Wahrheit stellen wir uns in das Licht Gottes, das uns durchleuchtet und von Sünde überführt. Darum geschieht in wahrer Anbetung auch Reinigung durch das Blut Jesu. Dort, wo Sünde bekannt und durch das Blut Jesu bereinigt worden ist, ist der Heilige Geist in seiner ganzen Fülle präsent. Er ist ja der HEILIGE GEIST. Hier ist der Ausgangspunkt echten Lobpreises und die Quelle froher Anbetung. Wer Gottes Vergebung und Gottes Liebe erfährt, liebt viel. Er bringt diese Liebe Gott in der Anbetung dar und beweist sie auch in echter Liebe zu seinem Nächsten. Wahre Anbetung erwächst aus dem Erfahren der Barmherzigkeit Gottes.

Neue Lieder und Formen der Verkündigung

Erweckte Christen lieben ihren Herrn und bringen diese Liebe in Lied und Lobpreis zum Ausdruck. Erweckte Christen lieben aber auch die gottfernen, verlorenen Menschen und suchen diese mit dem Evangelium durch Wort und Lied zu erreichen. Darum hat jede Erweckungsbewegung neue Erweckungslieder entstehen lassen. Das Anliegen ist, den säkularisierten Menschen in seinem Umfeld mit dem Evangeliumslied anzusprechen, seine Aufmerksamkeit zu bekommen und ihn abzuholen. Dabei entsteht natürlich ein Spannungsbogen, den man auch als Brücke verstehen kann. Es gilt also, wie damals Paulus den Griechen ein Grieche wurde, so auch heute dem modernen Menschen in der Komposition des Evangeliumsliedes ein moderner Mensch zu werden. Es ist erstaunlich, wie der Heilige Geist das immer wieder neu fertig bringt, wenn wir unsere Begabung und unser Musikverständnis ihm übergeben, so wie die Jünger ihre Brote und zwei Fische übergaben, er sie nahm und brach und dann das Wunder geschah, dass Tausende satt wurden. Diese Übergabe ist entscheidend. Jesus erlaubt den Jüngern nicht, ihre Brote und Fische den Menschen direkt zu geben. Sie mussten erst gebrochen und gesegnet werden. Das bedeutet, dass Musikalität, Musik- und Menschenverständnis zuerst Jesus übergeben werden müssen. Er »bricht« es, er gestaltet es, er lässt Botschaft und Lied zu einer Einheit verschmelzen. Dann führt die Melodie nicht von der Botschaft weg und der Rhythmus schlägt nicht das Wort tot. Dann aber geht die gute Botschaft auch nicht »den Bach runter«, weil sie dürftig und unzeitgemäß verpackt war.

Eine Reihe bekannter Popstars sind in Jakarta durch das erweckliche Wirken des Heiligen Geistes zum Glauben an Jesus gekommen. Sie haben sich auch sehr bald mit christlichen Songs bei Evangelisationen, bei der Verkündigung des Evangeliums eingebracht. Oft war das verfrüht. Sie hatten ihr Musikverständnis und ihre Stimme noch nicht Jesus ausgeliefert und ebenso noch nicht ihr durch das Showbusiness geprägtes Ego. Sie waren wohl Publikumsmagneten, aber noch nicht in der Lage, Menschen zu Jesus zu ziehen. Leider sind nur zwei von ihnen im Glauben gewachsen und stehen heute in kompromissloser Jesusnachfolge.

Ebenso sollen Musikinstrumente die Verkündigung des gesungenen Wortes unterstützen, sich nicht verselbständigen, sondern in der Anbetung auf Gott ausgerichtet sein. Die Wahl der Musikinstrumente ist von Kultur zu Kultur verschieden. Bestimmte Instrumente haben allerdings in Südamerika, Afrika und Asien einen okkulten Hintergrund, das heißt, sie wurden zur Geisterbeschwörung und im Spiritismus verwendet. Deshalb ist es verständlich, dass die erste Generation der Christen den Gebrauch dieser Instrumente im Gottesdienst ablehnte, z.B. die Trommel oder bestimmte Flöten. Für die nachfolgenden Generationen sind aber Trommel oder Flöte Instrumente wie alle anderen.

Der Reigentanz als jüdischer Ausdruck von Freude und Dankbarkeit vor dem Herrn könnte Christen der westlichen Kulturen vorbereiten, wenn sie sich plötzlich in Afrika in einer tanzenden Gottesdienstgemeinde wiederfinden, wobei Tanzen als Ausdruck der Freude und Dankbarkeit in Erweckungszeiten geistliche Disziplin und Ordnung ausstrahlt.

In vielen Kulturen haben Christen auch das Drama, welches Wort, Gestik, Gesang, Musik und Tanz in sich vereint, als Instrument packend kommunizierender Evangeliumsverkündigung entdeckt. Allerdings bedarf es hier reifer und mit der Kultur vertrauter Christen, welche die neutralen Elemente der Kultur von okkulten und sündigen Elementen unterscheiden können. So haben zum Beispiel Studenten des Bibelinstituts in Batu (Indonesien) mit ihren Dozenten zunächst die Tanzbewegungen und Schritte genau auf ihre religiösen und erotischen Bedeutungen untersucht, bevor sie diese als Mittel der Verkündigung biblischer Geschichten eingesetzt haben. Das Ergebnis war eine packende Verkündigung, die auch den letzten Zuhörer erreichte und zugleich Gott, den Schöpfer, verherrlichte.

Und alles begann mit einem Lied

Er war auf dem Wege zu einem Nachtclub in Jakarta. Als fähiger Gitarrist verdiente er dort sein Geld. Plötzlich hielt er inne. Frisches, rhythmisches Singen drang an sein Ohr und fesselte ihn. Die Melodie hatte es ihm angetan. Er lehnte sich an den Schatten spendenden Baum vor dem Haus, aus dem das Singen zu ihm drang.

Einer der jungen Christen, die dort zusammen waren, hatte ihn entdeckt und beobachtete ihn.

»Pack deine Gitarre aus und mach mit«, lud er ihn gewinnend und unkompliziert ein.

»Nun, das kann ich nicht, obwohl mir euer Singen und Spielen gefällt. Ich bin nämlich unterwegs zu meiner Arbeitsstelle.«

»Dann komm doch Sonnabendnachmittag vorbei; dann sind wir hier wieder zusammen.«

Und er kam vorbei. Sie nahmen ihn in ihr Bibelstudium mit hinein. Er staunte und sang und spielte mit ihnen die Evangeliumslieder. Die Botschaft traf sein Herz und er bekehrte sich zu Christus. Als er seiner Frau, einer Hostess, die im selben Nachtclub arbeitete, von seinem neuen Glauben an Jesus erzählte, gab es Krach. Sie drohte, ihn zu verlassen.

»Gib dir doch als Muslimin die Chance, einmal Christen kennen zu lernen. Komm mit, und dann sehen wir weiter.« Sie stimmte zu. War es die Atmosphäre, waren es die Lieder oder war es die freundliche Aufnahme, die sie aus ihrer Verschlossenheit herauskommen ließ? Auf jeden Fall hörte sie zu, als einer der jungen Leute das Evangelium verkündigte. Es dauerte noch eine Zeit und dann betete sie zum ersten Mal zu Jesus. Ich lernte dieses Ehepaar, das Gott so wunderbar errettet und verändert hatte, als Studenten im Bibelinstitut in Batu kennen. Heute dienen sie zusammen einer großen Gemeinde in Jakarta. Und alles begann mit einem Lied. Die Melodie hatte es ihnen angetan.

Ganz ähnlich ging es einem Bandenführer von Jakarta. Nicht weit weg von Jakarta in den Bergen plante er einen neuen Raubüberfall. Aber »zufällig« befand sich eine christliche Freizeitgruppe in der Nähe. Ihre Lieder zogen ihn an, so dass er sich abends unerkannt unter die jungen Leute mischte. Dort traf ihn das Wort Gottes. Die Liebe Gottes durchbrach sein hartes Herz. Später, als er zum Glauben an Christus gekommen und seinem alten Leben radikal abgesagt hatte, traf ich ihn. Seinen Satz habe ich bis heute nicht vergessen: »Ich hatte vor der Bekehrung noch niemals in meinem Leben Liebe erlebt.«

Das Singen der erweckten Gemeinde

Don Crawford, der amerikanische Journalist und Christ, schreibt in seinem Buch »Miracles in Indonesia«[8]:

»Ich hörte die Predigt des indonesischen Pastors über Übersetzung in der Kirche in Soe, Timor. Sie war biblisch ausgerichtet und hatte geistlichen Tiefgang. Aber was mich am meisten beeindruckte, war das Singen der erweckten Gemeinde, die bis auf den letzten Platz das große Gotteshaus füllte. Sie sangen ohne musikalische Begleitung, vierstimmig, so voller Leben, so harmonisch. Es sprach Bände über die Bedeutung und Realität ihres Glaubens.«

Ähnlich beschreibt ein Missionar das Singen der erweckten Gemeinde in Zaire:

»Hat man jemals so ein Singen gehört?! Nicht einmal in meinem Heimatland Wales, außer vielleicht während der Erweckung in Wales. Jede gesungene Zeile wurde mit besonderer Betonung der Worte gesungen. Menschen nickten ihren Nachbarn mit fröhlichem Gesicht zu und brachten ihre Freude in Jesus zum Ausdruck. Der Lobgesang war so stark, dass die Engel wohl ihren Dienst unterbrochen haben und mit Staunen auf diese singende Gemeinde heruntersahen. Das Lied wurde immer wieder wiederholt, bis Hallelujahs die wunderbare Versammlung beendeten.«[9]

[8] Don Crawford, Miracles in Indonesia, Wheaton 1972, S. 29
[9] This is That, op. cit., S. 15

IV. Befreiung von satanischen Mächten

Erweckungszeiten sind Befreiungszeiten. Menschen werden frei von Sünde und okkulten Bindungen.

Der Durchbruch der Erweckung auf der Insel Timor erfolgte nach dem Zeugnis eines jungen Mannes, der von okkulten Bindungen frei geworden war.

Er war Langstreckenläufer und vertraute in den Wettkämpfen auf ein besonderes Amulett, seinen »Glücksbringer«. Bei seiner Bekehrung zu Christus hatte er diesen Zaubergegenstand zurückbehalten. Eines Nachts hatte er ein besonderes Erlebnis. Er lag im Bett und konnte seinen Körper nicht mehr bewegen. Er schrie zu Gott: »Ich trenne mich von meinem Glücksbringer.« Die Lähmung ging zurück. Er stand auf und machte sich auf den Weg zu Pastor Daniel, seinem Gemeindepastor, um seinen Zaubergegenstand auszuliefern. Mitten in der Nacht klopfte er Pastor Daniel aus dem Schlaf, der mit ihm das Lossagegebet betete. Am darauf folgenden Sonntag wollte der junge Sportler im Gottesdienst von diesem Wunder der Befreiung sprechen und Gott vor der Gemeinde dafür danken. Pastor Daniel lehnte zunächst ab, da ein Taufgottesdienst stattfinden sollte und ein solches Zeugnis nicht dazu passte, wie er meinte. Dann jedoch hatte er den Eindruck, er solle dem jungen Mann doch die Gelegenheit dazu geben, und er bat ihn nach vorn.

Nach diesem Zeugnis konnte der Gottesdienst nicht normal weitergeführt werden. Überall in der großen Kirche begannen Menschen zu beten. Einige kamen nach vorne, knieten nieder und bekannten ihre Zaubereisünden. Viele andere standen auf und verließen die Kirche; sie gingen nach Hause und kamen mit ihren Amuletten und Zaubergegenständen wieder. Diese wurden dann in einem großen Haufen vor der Kirche verbrannt, ähnlich wie in Apostelgeschichte 19,18-19. Der Heilige Geist hatte begonnen, die verborgene Schicht des Aberglaubens in ihrem Leben aufzudecken.

Die Befreiung von magischem Heilen, Besprechen, Verkehr mit Geistern (Spiritismus) und aller Art von Zaubergegenständen wurde zu einem besonderen Kennzeichen der Timoresischen Erweckungsbewegung. Überall, wo später die Erweckungsteams in Indonesien im Einsatz waren, wurden Haufen von Zaubersachen von Namenschristen, aber auch von Christen verbrannt. Ich erinnere mich an eine Evangelisation in Minahasa (Nordsulawesi), als während der Verkündigung Menschen die große Versammlung verließen, um ihre Zaubergegenstände und Zauberbücher zu holen. Wie groß würde in Deutschland der Haufen sein, wenn hier Ähnliches in einer Evangelisation geschehen würde; wenn alle Bücher über Okkultismus und alle Pornokassetten und Pornozeitschriften zusammengebracht und verbrannt würden! Wie groß würde die Befreiung und erfahrene Vergebung durch Jesus Christus sein!

Das *Lossagegebet* ist eine seelsorgerliche Hilfe für Menschen, die bewusst oder unbewusst Kontakt mit satanischen Mächten genommen haben und so dem Teufel ein Recht auf ihre Seele einräumten. Dieses Gebet der Absage und Lossprechung ist keine Formel, muss aber inhaltlich folgende drei Punkte enthalten:

- namentliches Bekennen aller okkulten Praktiken,
- das bewusste Lossagen des okkult gebundenen Menschen von allen diesen Praktiken im Namen Jesu
- und die volle Übergabe an Gott, den Vater, den Sohn und den Heiligen Geist.

Das Lossagegebet ist eine logische Konsequenz der Lehre der Schrift über das Reich Satans und das Reich Gottes in dieser Welt (Mt. 4,8-10; Eph. 6,11-12; 1. Joh. 5,19; 3,10). Die alte Kirche verlangte, dass jeder Täufling vor der Taufe ein Absagegebet sprach, in dem er sich vom Teufel, seinem alten Leben und den heidnischen Glaubensinhalten lossprach. Hieronymus: Renuntio tibi diabole et pompae tuae et vitiis tuis et mondo tuo. »Ich sage ab dem Teufel und allen seinen Werken . . .«

Unsere Position im Kampf mit dämonischen Mächten

Als Paulus die erste Gemeinde in Griechenland gründete, war er mit dämonischen Mächten in der Form eines Wahrsagegeistes konfrontiert (Apg. 16,16-18). Der Gemeinde in Ephesus schreibt er, »dass sie nicht mit Fleisch und Blut zu kämpfen haben, sondern mit den Mächtigen und Gewaltigen, nämlich mit den Herren der Welt, die in dieser Finsternis herrschen, mit den bösen Geistern unter dem Himmel« (Eph. 6,12).

Mit der Wirklichkeit der dämonischen Mächte wird meistens nicht im gewöhnlichen Lebens- und Gemeindealltag gerechnet. Geschieht aber vollmächtige Verkündigung des Wortes Gottes und vollmächtige Seelsorge, so treten die dämonischen Mächte aus der Verborgenheit und versuchen, ihren Herrschaftsanspruch auf Menschen zu verteidigen und die Boten des Evangeliums anzugreifen. Für Paulus ist die Tatsache des Kampfes mit dämonischen Mächten eine nüchterne Analyse der oft unerklärlichen Schwierigkeiten, die ein Christ mit Menschen, Umständen und sich selbst erfährt (Eph. 6,12). Paulus beschreibt seine Position im Kampf mit dämonischen Mächten mit der Position Christi selbst, in die er - Paulus - im Glauben einbezogen ist, nämlich über allen dämonischen Gewalten und Mächten herrschend (Eph. 1,21; 2,1-6). Die Macht, mit welcher Gott Christus aus den Toten auferweckte und zum Herrscher zu seiner Rechten einsetzte, ist dieselbe, mit der Christus über alle Reiche, Gewalten, Mächte und Herrschaften der Finsternis herrscht. In diese Herrschaftsposition Christi gegenüber den dämonischen Mächten ist der Christ im Glauben einbezogen.

Wenn ein Christ und Verkünder des Evangeliums diese Position im Glauben einnimmt, haben die Mächte der Finsternis keine Macht über ihn. Ein Christ hat also nicht den Raum, in dem die bösen Geister unter dem Himmel herrschen, über sich. Nein, er hat ihn unter sich.

Als Ausrüstung für den Kampf mit dämonischen Mächten taugt nichts anderes als die geistliche Waffenrüstung (Eph. 6,11-18). Sie besteht aus dem Gürtel der Wahrheit, dem Panzer der Gerechtigkeit, den Sandalen der Evangeliumsverkündigung, dem Langschild des Glaubens, dem Helm des Heils, dem Schwert des Geistes und dem Gebet.

Die Strategie des Kampfes mit dämonischen Mächten ist eindeutig defensiv. Paulus gebraucht zweimal das Wort »standhalten« und einmal das Wort »widerstehen«. Auch die Einzelstücke der Waffenrüstung werden zur Verteidigung gegen die »listigen Anschläge des Teufels« gebraucht. Nur das Schwert (Wort Gottes) und die Sandalen (Evangeliumsverkündigung) haben eine Doppelfunktion als Angriffs- und Verteidigungswaffen. Paulus ruft nicht zum Angriff auf »territoriale Geister und Mächte« auf, sondern gibt strategische Anweisungen, wie Christen sich in der Konfrontation mit dämonischen Mächten, die gerade in Erweckungszeiten an der Tagesordnung sind, verhalten sollen.

Jesus ist Sieger über alle dämonischen Mächte

Jesus hat seinen Jüngern gesagt: »Mir ist gegeben alle Gewalt im Himmel und auf Erden. Darum geht hin und macht zu Jüngern alle Völker« (Mt. 28,18-19). Das bedeutet, dass Jesus über jeden Teil der Erde alle Gewalt hat (Mt. 28,18-19; Eph. 1,21; Kol. 2,15; Mt. 10,1) - dieser Sieg Jesu über Satan und alle seine Mächte, Ober- und Unterdämonen ist Tatsache (1. Mose 3,15b; Joh. 19,30; Kol. 2,14-15; 1. Joh. 3,9). Im Namen Jesu und in seinem vollbrachten Sieg am Kreuz gehen der Missionar und der Evangelist in einen unerreichten Stamm, eine unerreichte Volksgruppe oder soziale Gruppe und in einen unerreichten Stadtteil hinein, denn als Gesandte - Botschafter Gottes, als Bote und Botin Gottes - haben sie Teil an Jesu Sieg (1. Kor. 15,57; 2. Kor. 5,20; 1. Joh. 5,4).

Gott gibt dem Missionar und Evangelist nicht den Auftrag, die Dämonen, die in der Luft über diesem Stamm, Land oder Stadtteil herrschen, »zu binden« und »auszutreiben«.

Man hat versucht, diesen Auftrag, nämlich Dämonen zu binden, die über bestimmte Territorien herrschen, von Matthäus 12,29 abzuleiten. Jesus gebraucht hier ein Bild: »Wie kann jemand in das Haus eines Stärkeren eindringen und ihm seinen Hausrat ausrauben, wenn er nicht zuvor den Starken bindet? Erst dann kann er sein Haus berauben.« Dieses Bild soll entsprechend dem Kontext, der in Lukas 11,14-26 und Markus 3,22-30 seine Parallele hat, deutlich machen, dass Jesus hier einen dämonischen Geist aus einem Besessenen austreibt (Mt. 12,22; Lk. 11,14). Als der Geist aus dem Besessenen ausfuhr, redete der Besessene, der bis dahin stumm war (Lk. 11,14). Dass hier der Evangeliumstext nicht von territorialen Geistern spricht, die gebunden werden müssen, wird in Lk. 11,24-26 noch einmal unterstrichen: »Wenn der unreine Geist von einem Menschen ausgefahren ist . . . spricht er: Ich will zurückkehren in mein Haus . . . Wenn er es findet, gekehrt und geschmückt . . . nimmt er sieben andere Geister mit sich . . . und es wird mit diesem Menschen hernach ärger als zuvor.« Mit »Haus« ist hier eindeutig der Körper des Besessenen gemeint. »Haus« auf Städte, Gebiete und Volksgruppen zu übertragen, wäre eine exegetische Vergewaltigung. Dass gefallene Engelfürsten über bestimmte Völker herrschen, macht Daniel 10,12-13+20-21 deutlich. Der Kampf mit diesen gefallenen Engelfürsten und Statthaltern Satans in der unsichtbaren Welt wird aber von den göttlichen Engelfürsten geführt, die binden und gebieten, und nicht durch Menschen.

Gott gibt vielmehr durch sein Wort den Auftrag, die geistliche Waffenrüstung im Glauben anzuziehen, so dass der Christ sich in diesem Gebiet geschützt bewegen und sein »Heerlager« aufschlagen kann. Das heißt: Er geht nicht nur in das von dämonischen Mächten beherrschte Gebiet hinein, proklamiert den Sieg Jesu und geht wieder hinaus, sondern lebt, wohnt und verkündet das Evangelium in diesem Gebiet. Sein Ziel sind Menschen, nicht dämonische Mächte. Er weiß und glaubt, dass Jesus alle Gewalt gegeben ist. Der Heilige Geist tut auch in diesem Gebiet seine Arbeit. Er ist über den Menschen und überführt sie von Sünde, »tut ihre Augen auf« und stellt ihnen Jesus vor Augen (Joh. 16,8+14). Der Heilige Geist tut der »Welt die Augen auf . . . über das Gericht, dass der Fürst dieser Welt gerichtet ist« (Joh. 16,11), (d.h. dass die finsteren Mächte, welche über dieses Gebiet herrschen, schon gerichtet sind). Der Heilige Geist ist schon vor den Boten des Evangeliums da. Er tut sein Werk an Menschen. Dazu müssen nicht Dämonen und finstere Mächte »gebunden werden«. Der Heilige Geist bringt suchende Menschen mit dem Evangelium in Verbindung. Als Evangeliumsverkünder weiß ich, dass bei persönlichen Gesprächen oder bei einer Verkündigung vor vielen Menschen der Geist Gottes über den Menschen ist. Er ist noch nicht in den Menschen. Aber er tut sein überführendes Werk, bei welchem wir Menschen seine kleinen Mitarbeiter sein dürfen. So geschehen Bekehrungen, und Gemeinden entstehen mitten im Territorium der finsteren Mächte.

Peter Wagner meint allerdings in seinem Buch »Das offensive Gebet« (Wiesbaden 1992), dass zunächst nach 2. Korinther 10,3-6 der Weg durch geistliche Kampfführung freigekämpft werden muss: »Es geht hier darum, mit den Waffen unseres Kampfes, die nicht fleischlich sind, Festungen zu zerstören, nämlich alles Hohe, was sich gegen die Erkenntnis Gottes erhebt.« Er interpretiert »alles Hohe« mit »kosmischen Mächten und Mächten, die gegen Gott gerichtet sind und versuchen, sich zwischen Gott und die Menschen zu stellen«; daraus zieht Peter Wagner den Schluss: »Gott will anscheinend, dass wir diese Festungen ebenso angreifen, wie es Jesus tat, als er in das Hoheitsgebiet Satans in der Wildnis eindrang . . . Nur dadurch können die Mächtigen oder territorialen Geister zurückgewiesen werden, die verhindern, dass Gott verherrlicht wird.«

Der Kontext dieser Verse macht aber deutlich, dass es sich hier nicht um einen Kampf gegen »kosmische Mächte« oder »territoriale Geister« handelt, sondern um eine geistliche Auseinandersetzung mit »gewissen Leuten« (»gegen einige« übersetzt der Luthertext), die Paulus verleumdet haben und gegen die Paulus jetzt vorgeht. Dabei braucht er Worte aus dem militärischen Bereich: »kämpfen«, »niederreißen«, »gefangen nehmen«, »Festungen«, »Waffen«, »Höhe«. Mit den »Festungen«, die Paulus niederreißen will, sind die Gedanken bzw. Gedankengebäude der Verleumder gemeint. »Alles Hohe, das sich gegen die Erkenntnis Gottes erhebt«, sind darum nicht zuerst satanische Mächte, sondern hohe, hochmütige menschliche Gedanken. Da sich das menschliche Denken aber nicht im luftleeren Raum vollzieht, können diese hohen Gedankengebäude, die sich gegen die Erkenntnis Gottes richten, satanisch inspiriert sein. Das rechtfertigt aber nicht, hier von territorialen Mächten zu reden.

Geborgen im Kampf gegen dämonische Mächte

Der Missionar oder Evangelist weiß sich in dieser Pionierarbeit nicht nur selbst im Siege Jesu geborgen, sondern stellt auch seine Familie und seine Mitarbeiter unter den Schutz des Sieges Jesu. Er kämpft nicht mit bösen Geistern. Das hat Jesus schon für ihn getan. Wenn diese bösen Mächte ihn oder seine Familie angreifen, gebietet er ihnen im Namen Jesu und gebraucht »das Schwert des Geistes«, das Wort Gottes, in diesem Fall die Verheißungen, welche vom vollbrachten Sieg auf Golgatha sprechen, und weiß sich unter dem »Helm des Heils« und hinter dem »Schild des Glaubens« geborgen. Er hält auch den Schild des Glaubens und das Schwert des Geistes über die in seiner Familie, welche noch nicht diesen Stand im Glauben beziehen können. Zwei Beispiele aus der Missionsarbeit in Indonesien möchten noch einmal verdeutlichen, was es heißt, den Stand im Glauben, in der geistlichen Waffenrüstung zu beziehen.

Der Herr hatte einen indonesischen Missionar auf der Insel Sabu gebraucht, viele Menschen, Nichtchristen und Namenschristen, aus okkulten Bindungen zu befreien. Nachts wurde er okkult beschossen und angegriffen. »Und nun könnt ihr alle, ihr finsteren Geister, hier an meiner Bettkante Platz nehmen. Ich lege mich im Namen Jesu auf die Seite.« Sprach's und schon schlief Bruder Sardjito. Ein Kind Gottes in der Waffenrüstung Gottes!

Mitten in der Evangelisation in einer voll gepackten Kirche auf der Insel Rote erlebte ich es, dass ein Mann die Kirche betrat und im Mittelgang auf mich zukam. Die Leute waren wie elektrisiert. Ich spürte die Konfrontation mit satanischen Mächten durch diesen Mann, der, wie man mir später sagte, auf der Insel als Zauberer bekannt war und 99 Geister zur Verfügung hatte. Unter der Leitung des Heiligen Geistes blieb ich ruhig. Ich sagte ihm im Namen Jesu, er solle hier unter der Kanzel Platz nehmen. Plötzlich fiel er um und musste von Mitarbeitern des Evangelisationsteams hinausgetragen werden. Während die Evangelisation weiterging, trieben die Mitarbeiter die Dämonen aus diesem Mann aus. Er erfuhr durch Jesus wunderbare Befreiung und bezeugte diese später in der Evangelisation vor vielen Menschen.

Warum ist geistliche Kampfführung gegen dämonische Mächte offensichtlich erfolgreich?

Nicht wenige bewegt die Frage: Wie kann es geschehen, dass aufgrund von geistlicher Kampfführung gegen territoriale Geister offensichtlich sich Menschen bekehrt haben und geistliche Aufbrüche und Erweckungen in bis jetzt dämonisch durchsetzten Stadtteilen und ideologisch oder religiös abgeriegelten Gebieten geschehen sind?

Hier haben Menschen gebetet. Sie haben ihre Sorge um die Verlorenen vor Gott ausgebreitet. Sie haben ihren Glauben an Jesus Christus und seinen vollbrachten Sieg über alle Mächte des Teufels bekannt. Sie waren bereit, ihren Gebeten Beine zu geben und selbst hinzugehen, und sind dann in der Form ihrer geistlichen Kampfführung über die von Gott in seinem Wort gegebenen Anweisungen hinausgegangen. Sie haben versucht, territoriale Dämonen zu identifizieren und sie im Namen Jesu zu binden. Das war nicht richtig, oft sogar gefährlich. Aber Gott hat geantwortet, weil Liebe zu den Verlorenen, glaubensvolles Gebet und hingegebener Einsatz da waren. Gott hat sie in seiner Barmherzigkeit beschirmt.

Es war ihr brennendes Anliegen, so viele verlorene und in der Knechtschaft lebende Menschen wie möglich für Jesus zu gewinnen. Die Liebe Christi (2. Kor. 5,14) hat sie getrieben, und diese Motivation war nicht nur richtig, Gott erkannte sie auch an, obwohl ihre Idee nicht schriftgemäß war.

Allerdings gibt es auch Christen, die sich in die geistliche Kampfführung ohne diese Motivation des Herzens stürzen. Für sie ist der Erfolg der Power-Evangelisation als solcher wichtig. Ohne dass es ihnen vielleicht bewusst ist, ist Erfolgs- und Machtstreben die Triebfeder ihres Handelns. Sie wollen den Sieg Jesu über die Mächte der Finsternis und zugleich ihre eigenen Kräfte, ihren Glauben demonstrieren. Sie setzen sich und ihre Mitstreiter dabei möglicherweise Gefahren aus, denen sie nicht gewachsen sind.

Paulus fordert uns auf, den von Gott in seinem Wort aufgezeigten Grenzen den geistlichen Kampf gegen die Mächte der Finsternis zu führen, angetan mit der Waffenrüstung Gottes und in demütiger Abhängigkeit von unserem Herrn und Meister Jesus Christus. Wir wollen uns neu dem Herrn zur Verfügung stellen, dass er uns, erfüllt mit dem Heiligen Geist und seinen Gaben, gebrauchen kann, okkult Belastete und dämonisch Besessene in die Freiheit der Kinder Gottes zu führen. Wir wollen nicht durch Kompromisse mit der Sünde in unserem Leben den Mächten der Finsternis erlauben, einen Brückenkopf in uns zu haben und durch ungeistliche Motive diesen so wichtigen Befreiungsdienst zu lähmen.

Wir wollen mitten in satanischen Machtgebieten Gemeinde Jesu gründen und dabei uns und die Neubekehrten unter die volle Erlösung durch Jesus stellen. Wir wissen, dass wir von Gottes Engelmächten umgeben sind und dass der Heilige Geist den Weg für das Evangelium zu den Herzen der Menschen frei macht und diese von der Sünde und der Notwendigkeit der Erlösung überführt.

Geistliche Kampfführung und die Priorität des Gebets

Das Wort Gottes fordert in der Missions- und Evangelisationsarbeit, dass wir dem Gebet Priorität einräumen:

»So ermahne ich nun, dass man vor allen Dingen tue Bitte, Gebet, Fürbitte und Danksagung für alle Menschen« (1. Tim. 2,1).

Billy Graham sagt: »Erstens Gebet - zweitens Gebet - drittens Gebet!«

In diesem vom Wort Gottes geforderten Gebet bleiben wir etwa für eine Stadt im Gebet vor Gott, wie Abraham für Sodom und Gomorra vor Gott blieb, wie Mose auf dem Hügel in seiner Fürbitte, als er für die Israeliten betend eintrat, als diese im Tal gegen Amalek kämpften. Natürlich hätte Mose auch in seinem Zelt beten können. Grundsätzlich hängt die Gebetserhörung nicht vom Ort des Gebets oder von der äußeren Haltung des Beters ab. Glaubensvolles Beten macht sich aber gerne an einem Ort fest und bringt den Glauben auch in einer bestimmten Gebetshaltung zum Ausdruck. Ich kann im Sessel zu Hause für eine Stadt beten, in der eine Evangelisation stattfindet. Ich kann mich aber auch am Waldrand über der Stadt niederknien und Gott um einen Durchbruch in der Evangelisation anflehen. Den Durchbruch selbst - gegen alle Widerstände von dämonischen Mächten - wirkt der Heilige Geist. Das ist sein Auftrag und nicht unserer. Ich kann zu Hause für die Nachbarn in der Straße, in der ich wohne, fürbittend eintreten. Ich kann aber auch betend durch die Straße gehen. Gott brachte die Mauern von Jericho zum Einsturz. Israel musste im Gehorsam und Glauben sieben Mal um die Stadt herumziehen und den Siegesruf ausstoßen. Gott möchte, dass glaubensvolles Gebet konkrete Schritte unternimmt.

So verstanden kann die Diskussion über geistliche Kampfführung in unseren Tagen der Gemeinde Jesu helfen, ihre Stellung in den endzeitlichen Auseinandersetzungen mit den attackierenden, konfrontierenden und infiltrierenden Mächten der Finsternis in schriftgemäßer Weise zu beziehen. Ebenso ist Missionaren und Missionarinnen geholfen, ihren Gemeinde gründenden Pionierdienst in Volksgruppen, die vom Evangelium unerreicht sind, nicht furchtsam oder unvorbereitet zu tun, sondern zuversichtlich, siegesgewiss, da sie die geistliche Waffenrüstung angelegt haben.

Okkulte Praktiken kommen ans Licht

Eine weitere Konfrontation mit okkulten Mächten geschieht in Erweckungszeiten dadurch, dass der Heilige Geist okkulte Praktiken ans Licht bringt. Mit okkulten Praktiken ist der Gebrauch von Zaubersprüchen, Verwünschungen und Gegenständen, die Glück und Bewahrung bringen sollen, wie Ketten und Amulette, gemeint.

Ebenso gehören magisches Heilen und Besprechen, Wahrsagen und der Verkehr mit Geistern und Totengeistern zu okkulten Praktiken, außerdem Teufelsverschreibungen und die vielen Formen des Aberglaubens.

Der Okkultismus ist ein weltweites System, das sich wohl in der äußeren Erscheinungsform von Kultur zu Kultur unterscheidet, seinem Wesen nach aber im Machthunger und Wissensdurst des Menschen wurzelt[10], welche von den dämonischen Mächten befriedigt werden. Das führt zu Abhängigkeiten des Menschen von den dämonischen Mächten, und diese wiederum erzielen daraus Anrechte auf die Seele des Menschen. Diese magische, okkulte Schicht ist in allen Religionen vorhanden, im Islam, Hinduismus, Buddhismus, Animismus und auch im Christentum.

So kann es im Leben von Christen eine Schicht von Aberglauben, Magie und Spiritismus geben, die unter der Schicht ihres christlichen Glaubens liegt und in gewissen Krisensituationen des Lebens wie Geburt, Krankheit, Hochzeit, Misserfolg, Gefährdung und Tod ans Tageslicht kommt und Glaube und Handeln des Christen bestimmt. Die Frage ist berechtigt: Ist dieser dann überhaupt ein bekehrter Christ? Die erste Antwort könnte sein: Nein, er ist ein Namenschrist. Gerade in Erweckungszeiten kommen viele Namenschristen zum lebendigen, persönlichen Glauben an Christus und erfahren durch das Absagegebet Befreiung von den okkulten Praktiken in ihrem Leben. Ebenso kann durch das Wirken des Heiligen Geistes die verborgene okkulte Schicht in einer christlichen Gemeinde, ja eines »christlichen« Landes in Erweckungszeiten ans Licht kommen.

Eine zweite Antwort könnte sein: Die Bekehrung hat die okkulte Schicht noch nicht erfasst, okkulte Praktiken werden nicht als solche erkannt, weil Verkündigung und Seelsorge diese nicht als

10 Die verschiedenen Erscheinungsformen des Okkultismus können in ihrem Wesen auf die erste Versuchung des Menschen zurückgeführt werden: ». . . ihr werdet sein wie Gott« (der Machthunger des Menschen ist angesprochen) ». . . und wissen, was gut und böse ist« (der Wissensdurst des Menschen ist angesprochen).

dämonisch aufdeckten, oder, was meistens der Fall ist, die okkulten Praktiken werden bewusst zurückbehalten.

Und eine dritte Antwort könnte sein: Schon wiedergeborene Christen sind bei Anfechtungen in okkulte Praktiken zurückgefallen und haben z.B. ihre Krankheit »besprechen« lassen.

In Apostelgeschichte 19,18-19 wird von einer aufschlussreichen Situation in Ephesus berichtet: »Es kamen auch viele von denen, die gläubig geworden waren (Perfekt), und bekannten und verkündigten, was sie getan hatten. Viele aber, die Zauberei getrieben hatten, brachten die Bücher zusammen und verbrannten sie öffentlich und berechneten, was sie wert waren, und kamen auf fünfzigtausend Silbergroschen.« Der Kontext berichtet von einer Erschütterung, die die Christen in Ephesus erfasst hatte (Apg. 19,13-17).

Erweckungszeiten bringen solche Erschütterungen, in denen die Macht Gottes gegenüber der Macht Satans offenbar wird. Und da selbst die Bibel Befreiung von okkulten Bindungen nach der Bekehrung kennt, muss auch die Gemeinde damit rechnen. Da dies aber kein lehrhafter, sondern ein historischer Text ist, darf nicht die dogmatische Schlussfolgerung gezogen werden, dass jeder Christ eine solche Lossagung und Befreiung von okkulten Bindungen vollziehen muss. Der Text sagt lediglich, dass gläubige Christen eine solche Lossagung nötig haben können.

Viele erkennen okkulte Praktiken nicht als dämonisch. Sie sind der Meinung verfallen: Alles, was hilft, sei auch gut! Bis dahin versteht man nicht, dass es in dieser Welt nur zwei Reiche und zwei Mächte gibt und dass sich das Reich Gottes und das Reich Satans unversöhnlich gegenüberstehen. Erst in Erweckungszeiten wird dies in vielen Kulturen verwurzelte Denkschema überwunden.

Ein junges Mädchen wollte an Jesus Christus glauben. Sie konnte aber nicht glauben. Etwas hielt sie zurück. Sie trug eine Kette mit einem Anhänger. Als sie aufgefordert wurde, die Kette abzulegen, sagte sie: »Das kann ich nicht, meine Mutter hat mir gesagt, ich müsste diese Kette immer tragen, ich wäre als Kind schwer krank gewesen und diese Kette hätte mir geholfen, gesund zu werden.« Nach innerem Kampf übergab sie jedoch die Kette. Sie wusste nicht, dass der Kettenanhänger zu öffnen war. Darin befand sich ein Stück Papier, auf dem geschrieben stand: Diese Seele gehört dem Teufel. Nachdem sie sich von der Teufelsverschreibung losgesagt hatte, kam sie zum lebendigen Glauben an Jesus Christus.

Auch bei aus Asien und Afrika mitgebrachten Ketten, Armreifen und Ringen sollte man die Möglichkeit ins Auge fassen, dass diese Stücke magisch benutzt wurden und so noch immer eine dämonische Macht ausüben können, besonders wenn sie mit Schriftzeichen beschriftet sind.

Auch durch das Flüstern von magischen Formeln wird Macht über Menschen ausgeübt, in unseren Breiten in Form von Verwünschungen und Flüchen. Ein Muslim hatte sich in eine Christin verliebt. Er blies Zigarettenrauch in ihr Gesicht und flüsterte einen arabischen Zauberspruch. Aber nichts passierte. Die Christin, die um diesen Angriff wusste, nahm ihre Stellung in Christus ein. Der Muslim meinte, sie hätte einen stärkeren Zauber, und kam in den christlichen Gottesdienst, um diesen zu erforschen. Hier begegnete er der Macht des Wortes Gottes in der Botschaft der Erlösung. Die junge Frau spielte keine Rolle mehr. Er war dem lebendigen Christus begegnet und übergab ihm sein ganzes Leben. Ich lernte ihn später als Studenten am Bibelinstitut in Batu kennen, wo er mir seine Erfahrung erzählte.

Überall auf der Welt suchen Kranke bei magischen Heilern Hilfe. Die Krankheit wird »besprochen«, wobei bestimmte magische Handlungen vollzogen werden. Weil es hilft (»die Gürtelrose ist abgeheilt«), muss es gut sein. Es wird aber vergessen, dass der Aberglaube den dämonischen Mächten die Möglichkeit gibt, ihre Macht zu erweisen. Sie bekommen dadurch ein Anrecht auf die Seele des Menschen.

Für die Toten beten, zu den Toten beten, mit den Toten Verbindung aufnehmen, ist der Kern des Spiritismus, der wie ein breiter Unterstrom in den Religionen der Welt fließt. Die Schrift sagt: »Wer die Toten befragt, ist dem Herrn ein Gräuel« (5. Mose 18,11-12). »Ihr sollt euch nicht den Geisterbeschwörern und Zeichendeutern zuwenden« (3. Mose 19,31; 20,6). In Zeiten der Erweckung wird der verborgene Spiritismus im Leben von Christen aufgedeckt. Wahrsagerei, sich die Zukunft durch Kartenlegen, Bleigießen, aus den Handlinien oder durch Horoskope deuten lassen, ist nicht ein nettes Spielchen, sondern bringt Menschen unter den Bann des Okkultismus. Die Schrift sagt: »Dass nicht jemand unter dir gefunden werde, der Wahrsagerei oder Zeichendeuterei treibt« (5. Mose 18,10-11). Paulus treibt den Wahrsagegeist aus einer Sklavin in Philippi aus, die ihren Herren viel Gewinn mit ihrem Wahrsagen gebracht hatte (Apg. 16,16-18).

Blumhardts Kampf gegen satanische Mächte

Im vergangenen Jahrhundert erlebte Johann Christoph Blumhardt in Möttlingen im Nordschwarzwald eine durchgreifende Erweckung, die durch die Befreiung eines seiner Gemeindeglieder, die Gottliebin Dittus, von satanischen Mächten ausgelöst wurde. Nach zwei Jahren intensiven seelsorgerlichen Bemühens kam die Befreiung. Blumhardt schreibt:

»Das Misslichste war, dass sich in diesen Tagen die finsteren Einwirkungen auch auf den halb blinden Bruder und eine andere Schwester von Gottliebin Dittus ausdehnten, ich also mit dreien zumal den verzweifelten Kampf durchzumachen hatte, wobei deutlich der innere Zusammenhang zu erkennen war. Der Bruder war am schnellsten wieder frei. Die Hauptsache kam aber diesmal nicht an die Gottliebin, welche im letzten Akt nach vorausgegangenen Kämpfen völlig frei schien, sondern an ihre Schwester Katherina, die nun so rasend wurde, dass sie nur mit Mühe festgehalten werden konnte. Plötzlich gegen Mitternacht dröhnte aus der Kehle des Mädchens wohl eine Viertelstunde lang ein Schrei der Verzweiflung mit einer erschütternden Stärke, als müsste das Haus zusammenstürzen. Endlich kam der ergreifendste Augenblick, welchen unmöglich jemand sich genügend vorstellen kann, der nicht Augen- und Ohrenzeuge war. Um zwei Uhr morgens brüllte der angebliche Satansengel, wobei das Mädchen den Kopf und Oberleib weit über die Lehne des Stuhles zurückzog, mit einer Stimme, die man kaum bei einer menschlichen Kehle für möglich halten sollte, die Worte heraus: »Jesus ist Sieger! Jesus ist Sieger!« – Worte, die weit ertönten, auch verstanden wurden und auf viele Personen einen unauslöschlichen Eindruck machten. Nun schien die Macht des Dämons mit jedem Augenblick mehr gebrochen zu sein. Er wurde immer stiller und ruhiger, konnte immer weniger Bewegungen machen und verschwand zuletzt ganz unmerklich, wie das Lebenslicht eines Sterbenden erlischt, jedoch erst gegen acht Uhr morgens. Das war der Zeitpunkt, da der zweijährige Kampf zu Ende ging.«

Über die Auswirkungen in seiner Gemeinde schreibt Pfarrer Blumhardt:

»Es geht an einem fort, ohne Unterbrechung. Jetzt sind im Ganzen schon 67 Personen bei mir gewesen, alle zuvor zu sechs und noch mehr, in der Wohnstube als einem Vorzimmer mit gepresstem Herzen wartend, dann bei mir Letzteres ausleerend, Gnade begehrend und Friede und mitunter bitterlich weinend, was die härtesten Männer nicht unterlassen können. Viele Gebetskreise finden jetzt statt. Ich wohnte selbst am letzten Freitag der Versammlung der Frauen bei, wo etwa 50 beieinander waren. Die eine oder die andere betet aus dem Herzen, dann wird gesungen, ein Bibelabschnitt gelesen, darüber gesprochen und wieder gesungen und von einer oder mehreren gebetet. Es ist wahr, dass sehr viel Kranke der verschiedensten Art zu mir kommen, um Hilfe von ihren Leiden zu finden. Viele kommen nicht mehr zum zweiten Mal, weil sie es nicht mehr nötig haben.«[11]

Johannes Seitz erzählt, wie die Erweckung von Möttlingen in sein Dorf kam:

»Obwohl unser Dorf Neuweiler rund 25 Kilometer von Möttlingen entfernt liegt, übte alles, was durch diesen Mann (Blumhardt) in

[11] Raupp, Werner, »Gelebter Glaube«, Metzingen 1953, S. 253, 254, 255, 256

Möttlingen an wunderbaren Gottestaten an Kranken, Besessenen, Geistesgestörten aller Art und an Erweckung geistlich toter Sünder durch die machtvollen Predigten dieses Mannes geschah, bald auch bei uns seine Segenswirkung aus. Es kamen eine Zeit lang fast jeden Sonntag ganze Scharen, auch aus meinem Geburtsort, nach Möttlingen, und fast alle, die dorthin pilgerten, wurden durch das, was sie dort sahen und durch die geistesgewaltigen und geistesmächtigen Predigten, die sie dort hörten, so ergriffen und umgewandelt, dass sie als andere, als ganz veränderte, neue Menschen in ihre Dörfer und Häuser zurückkehrten.«[12]

[12] Raupp, Werner, op. cit., S. 257

V. Erlösung im Hier und Jetzt

Nur eines bringt das freudige, natürliche, geisterfüllte und zeugnisfrohe Christsein zum Erliegen: die Sünde. Nur eines lähmt die Vollmacht im Dienst und lässt Gnadengaben dahinwelken: unvergebene Schuld. Nur eines spaltet eine Gemeinschaft und lässt Mauern zwischen Christen entstehen: ein Einbruch von Sünde, oft im frommen Gewand. Nur eines lässt Christen zu toten Christen werden, die wie in Sardes nur den Namen haben, dass sie leben: Die Sünde. Aber auch nur eines bewirkt Reinigung und Befreiung von Sünde und Schuld: das Blut des Herrn Jesus. Denn »in ihm haben wir die Erlösung durch sein Blut, die Vergebung der Sünden nach dem Reichtum seiner Gnade« (Eph. 1,7).

Erweckung bedeutet: Sünde wirklich Sünde nennen

Kann man das so sagen? Ist diese Analyse nicht überzogen? Wir können natürlich von Überarbeitung reden als Grund für unsere verletzenden Worte - nicht Sünde. Aber hatte sich in unserem Herzen nicht schon lange eine Bitterkeit gegenüber jener Person entwickelt? Wir können von Einsamkeit reden, die der Auslöser für den sexuellen Seitensprung war - nicht die Sünde, vergessen aber, dass der sexuelle Drang schon lange durch entsprechende Filme von uns gefüttert worden ist. Wir sprechen von legitimiertem Misstrauen gegenüber einer bestimmten Person - nicht Sünde, merken aber gar nicht, dass Neid und Stolz uns bewegen, weil wir die Stellung der Person selbst einnehmen möchten. Der Inhalt einer Tasse schwappt über, wenn der Tisch wackelt. Gott lässt in unserem Leben durch Umstände und Situationen den Tisch wackeln, damit der eigentliche Inhalt unseres Herzens offenbar wird. Das ist auf jeden Fall barmherziger, als die Sünde durch psychologische Erklärungen wegerklären zu wollen.

Erweckung bedeutet: Vergebung wirklich als Vergebung erfahren

Erweckung bedeutet darum: Wachwerden für die akute Notwendigkeit der Erlösung: Jesus errettet mich jetzt!

Erweckte Christen schauen nicht nur auf ihre Bekehrung zurück, sondern sie stellen sich dem überführenden Licht des Geistes Gottes und erfahren so jeweils »jetzt« die Reinigung von der Sünde, »die uns ständig umstrickt« (Hebr. 12,1). »Wenn wir sagen, dass wir Gemeinschaft mit ihm haben, und wandeln in der Finsternis, so lügen wir und tun nicht die Wahrheit. Wenn wir aber im Lichte wandeln, wie er im Licht ist, so haben wir Gemeinschaft untereinander, und das Blut Jesu, seines Sohnes, macht uns rein von aller Sünde« (1. Joh. 1,6-7). Erweckte Christen leben also nicht jenseits des Kreuzes.

> Ein afrikanischer Bruder fragte eine Missionarin: »Schwester, loben Sie heute Morgen den Herrn?«
> »Wenn Sie die Wahrheit wissen wollen - nein«, antwortete sie, »heute Morgen nicht.«
> »Warum nicht?«, fragte der afrikanische Bruder.
> Nach kurzem Zögern antwortete sie: »Heute Morgen ist zu Hause mein Zorn mit mir durchgegangen.«
> Er sagte nur: »Hat das Blut Jesu seine Kraft verloren?« - und ging still weiter. Es war genau das Wort, das sie brauchte.

Dieser Dienst des freimütigen Ermahnens geschieht, wenn Erweckung (Gottes Wachrütteln) auch unsere Beziehungen, die Gemeinschaften, in denen wir leben, erreicht hat.

Erweckung bedeutet: Image wirklich Image sein lassen

Ich kann zu Jesus kommen, so wie ich bin. Ich brauche nicht ein geistliches Image aufrechtzuerhalten. Wenn ich nicht geistlich gedacht und gehandelt habe und mein Ego bei mir offenbar geworden ist, z.B. Neid, Zorn, Zank, Zwietracht und Hass (Gal. 5,19-21), dann bekenne ich unverzüglich meine Sünde vor Jesus und nehme seine Vergebung in Anspruch (1. Joh. 1,9). Dass Stolz, Neid und Zwietracht unter einem Dach wohnen, ist mir in den vielen Jahren, in denen ich in Leitungspositionen und untergeordnet im Dienst des Herrn gearbeitet habe, immer wieder neu schmerzlich bewusst geworden. Dass der Pharisäer, von dem Jesus im Gleichnis Lukas 18,9-14 spricht, auch in mir lebt, machte mir der Heilige Geist blitzartig klar, als ich einen Bruder der ostafrikanischen Erweckungsbewegung die Begegnung mit Zachäus auslegen hörte und der Herr auch mich von meinem hohen Baum herunterholte. Das war ein einschneidendes, erweckliches Ereignis in meinem Leben.

Erweckung bedeutet: Freiheit wirklich durch Befreiung erleben

In der indonesischen Erweckungsbewegung deckte das überführende Licht des Geistes Gottes besonders verborgene okkulte Praktiken auf, durch die die Mächte der Finsternis viele Christen und ganze Gemeinden in ihrem Bann hielten. Sie erlebten Jesus als Befreier, der die Gefangenen frei macht. Ebenso weckte der Geist Gottes viele Christen auf, die durch Gewohnheit und Umfeld im Gewissen stumpf geworden waren, so dass nun außerehelicher Sex, Abtreibung und Diebstahl als Sünde erkannt und bekannt wurden. Sie erlebten Jesus als den Versöhner, der die Sünden gesühnt hat. Und in besonderer Weise führte der Heilige Geist viele Christen, die aber praktisch ohne Christus lebten, in die lebendige Beziehung zu Christus. Sie erlebten Jesus als persönlichen Heiland, der ihnen Heilsgewissheit gab.

Wir brauchen diese Elemente der Erweckung gerade in unserer gegenwärtigen Situation in Europa, wo Magie, Spiritualismus, Aberglaube, verbunden mit östlichen Religionen, das Vakuum der Glaubenslosigkeit in unserem Volk ausfüllen und Christen Befreiung und Reinigung von mitternächtlichem Fernsehsex nötig haben, da der Druck der verdeckten Abtreibung unter Christen zunimmt und Christen, deren Leben nicht in Jesus Christus verankert ist, vom weltlichen Lebensstil der Selbstverwirklichung erfasst werden.

Erweckung bedeutet: Nachfolge heute leben

In der ostafrikanischen Erweckung wirkte der Heilige Geist ein neues Bewusstsein für Jesusnachfolge: für Gebrochensein, für Leben im Licht und für Sündenerkenntnis, Sündenbekenntnis und Sündenreinigung.[13]

Oft ist es so, dass Wahrheiten der Bibel überschattet worden sind und nun durch den Heiligen Geist neu ins Licht gerückt werden:

Die Entscheidung für Christus als Heiland und Erlöser (Errettung),
die Entscheidung für Christus als König und Herr (Nachfolge),
die Entscheidung, dem Heiligen Geist ganz Raum zu geben (Heiligung)

sind eminent wichtige Wahrheiten. Sie müssen aber ergänzt werden durch die tägliche Jesusnachfolge:

Nicht nur der Anfang ist wichtig, sondern auch der Fortgang.

In Ostafrika hat Gott den Akzent auf die Jesusnachfolge in der Gegenwart gelegt:

nicht auf die geistliche Krise, sondern auf das Leben im Heiligen Geist.

Christen sollen im neuen Leben leben,

nicht nach dem Fleisch, sondern nach dem Geist (Röm. 6,4; 8,4).
Sie sollen wie Paulus in der Gnade Gottes ihr Leben führen (2. Kor. 1,12).

[13] Vergleiche Roy Hession, Das neue Erwachen, Wuppertal 1966; Norman P. Grubb, Continuous Revival, London 1954

Lebt im Geist, so werdet ihr die Begierden des Fleisches nicht vollbringen (Gal. 5,16).
Lasst uns in der Spur des Heiligen Geistes bleiben (Gal. 5,25).
Lebt eurer Berufung würdig (Eph. 4,1).
Lebt in der Liebe und wie Kinder des Lichts (Eph. 5,2+9).
Wie ihr den Herrn Christus Jesus angenommen habt, so lebt auch in ihm (Kol. 2,6).
Wie ihr leben sollt, um Gott zu gefallen, dass ihr darin immer vollkommener werdet (1. Thess. 4,1).
Wer sagt, dass er in ihm bleibt, der soll auch leben, wie er gelebt hat (1. Joh. 2,6).

Das Thema »leben« fasst Jesus in dem bekannten Wort zur Nachfolge zusammen: »Will mir jemand nachfolgen, der verleugne sich selbst und nehme sein Kreuz auf sich und folge mir nach« (Mt. 16,24).

Es geht um die Schritte in der Nachfolge heute. Satan verklagt uns und hält uns unser Versagen in der Vergangenheit vor. Er verallgemeinert dabei, und weil darin ein Korn Wahrheit liegt, baut er daraus eine große Lüge: So wird es dir auch künftig gehen - du schaffst es nie, Jesus wirklich nachzufolgen. Ziel ist es, dich in Verzweiflung und Depression zu stürzen.

Gott aber sieht unsere Vergangenheit und Zukunft in Christus. Unsere Gegenwart stellt er genauso in sein Licht. Das ist der große Unterschied: Keine allgemeine Anklage, sondern ein klarer Hinweis, wenn wir sündigen und vom Wege abkommen. Sein Ziel ist Vergebung und Freude. »Heute, wenn ihr seine Stimme höret, so verstockt eure Herzen nicht«, sagt der Schreiber des Hebräerbriefes; »ermahnt euch selbst alle Tage, solange es heute heißt« (Hebr. 3,7+13).

Meine Frau und ich hatten uns gegenseitig verletzt und sprachen nicht mehr miteinander. Jeder erwartete, dass diesmal der andere den ersten Schritt tat. Wir sprachen mit unseren Kindern. Die wussten, dass im Hause »dicke Luft« war. Wir sprachen mit Studenten und empfingen Gäste. Aber wenn wir wieder allein waren, waren wir stumm, einen Tag, zwei Tage. Am dritten Tag schauten wir einander in die Augen, zuerst abwartend. Dann überkam uns tiefer Schmerz: Nun sind wir schon so lange verheiratet und stehen in der Nachfolge und im Dienst des Herrn und können aus Stolz nicht um Vergebung bitten! Wir knieten zusammen nieder und bekannten Jesus unsere harte und stolze Haltung. Wir erfuhren seine kostbare Vergebung auf Grund seines am Kreuz vergossenen Blutes. Tiefe Freude erfüllte unsere Herzen, als wir einander in die Arme nahmen. Wir waren in den Strom bleibender Erweckung zurückgekommen.

Erweckung hat es immer wieder mit einer doppelten Beziehung zu tun: mit unserer Beziehung zu Gott und zu unseren Nächsten. Im Bilde gesprochen: Das Dach des Hauses muss abgedeckt werden und Trennwände müssen weggenommen werden. »Wenn wir im Lichte leben, wie Er im Lichte ist«, das Dach nach oben offen, so haben wir Gemeinschaft untereinander - die trennenden Wände werden eingerissen -, und das Blut Jesu, des Sohnes Gottes, reinigt uns von aller Sünde (wir leben nicht mehr in einem abgeschlossenen Haus, sondern auf einer offenen Veranda). Das bedeutet Heilung von meinem stolzen Wesen, das sich über andere überhebt, und von meinem Verlangen, geistlich anerkannt und respektiert zu sein. Indem ich nicht nur mit Gott rede und meine Sünde bekenne, sondern auch meinem Mitbruder oder meiner Mitschwester ehrlich sage, dass ich Vergebung und Reinigung erfahren habe, wird dies persönliche zeugnishafte Wort mich selbst in große innere Freiheit führen (ich muss nicht mehr darstellen, als ich wirklich bin) und andere auch auf den Weg der Erweckung bringen. Natürlich regt sich hier sofort Widerstand: Das ist zu persönlich! Nicht wenige haben sich gegen Botschaft und Zeugnis in der ostafrikanischen Erweckungsbewegung abgeschottet. Manche wohl deshalb, weil sie das Zwielicht, um nicht zu sagen: die Finsternis mehr liebten als das Licht (Joh. 3,19). Aber wie befreiend ist es, einem Mann wie dem afrikanischen Bischof Festo Kivengere zuzuhören. Er war einer der Führer der Ostafrikanischen Erweckungsbewegung und hat das folgende persönliche Zeugnis in seiner offenen und entwaffnenden Art in Deutschland gegeben.

Ich bin bei Missionaren aufgewachsen. Wenn die Missionare manchmal aufbrausten, sagten sie gewöhnlich: »Daran ist das Klima schuld. Es ist zu heiß.«

»Das stimmt«, sagte ich. »Ihr seid müde. Und wenn der Leib müde ist, braust man ganz leicht schon mal auf. Wenn euch aber zu dieser Zeit der Heilige Geist erfüllt hätte und die Gnade des Herrn Jesus eure Herzen, wäret ihr zwar immer noch körperlich müde gewesen, aber von einer Müdigkeit friedlicher Art. Ihr hättet nicht aufzubrausen brauchen.«

Oft geschieht es aber, dass ich aufbrause. Was geschieht nun mit mir? Ich werde dann still und immer ärgerlicher und ich verursache eine Art Kälteraum zwischen mir und meiner Frau, und eine dünne Mauer wächst empor. Nicht sehr dick; wir können uns hören, aber wir können uns nicht die Hand geben. Eine Entfremdung steht dazwischen und Folgendes geschieht: Ich fange sehr schnell an, meiner Frau die Schuld zu geben, und ich stelle eine lange Liste ihrer Fehler auf. Sie hat dies gesagt; sie hat so gehandelt; sie hätte das nicht tun sollen; sie war nicht gehorsam – eine lange Liste mit allen möglichen Dingen. Und ich denke: Bei mir ist alles in Ordnung.

Wenn ich aber in solcher Stimmung bin, fühle ich mich durch diese Liste noch elender, denn der Grund, warum ich all ihre Sünden aufzeige, ist doch nur der, dass ich selbst dadurch heiliger wirken will.

Jesus schafft es. Er weiß, dass ich einsam bin, und er weiß, dass ich meine Frau einsam gemacht habe. Wir beten dann nicht zusammen, wir sprechen nicht über Jesus, unsere Herzen sind ganz kalt, in unserem Inneren ist Winter.

Und dann beginnt der Geist Gottes sein gnädiges Werk. Wenn er mir helfen möchte, sagt er: »Gib mir deine Liste. Gib mir alles, was dich an deiner Frau stört.«

Und ich sage: »Herr, du weißt, dass sie oft nicht ganz Recht hat.«

»Ja, ich weiß! Aber gib sie mir und lass uns jetzt mal über dich sprechen. Bist du in Ordnung? Liebst du deine Frau? Nein! Bist du glücklich? Nein! Kannst du beten? Nein! Denkst du an meine Frohe Botschaft?«

»Nein, ich denke an mich selbst und daran, wie schlecht meine Frau ist. Ich bin einsam.«

Er sagt: »Komm mit mir. Ich möchte dich frei machen. Du bist im Unrecht. Sage ja dazu.«

Dann hilft er mir »ja« zu sagen. Wenn ich zum Herrn »ja« sage und die Liste mit den Sünden meiner Frau vergesse, dann merke ich, dass meine Sündenliste viel länger ist als die meiner Frau. Dann nimmt der Herr alles weg und ich sage: »Es tut mir Leid.« Dann reinigt er uns mit seinem Blut und er sagt mir: »Geh zu deiner Frau und sage ihr, dass es dir Leid tut.«

Das ist furchtbar schwer. Lieber möchte ich irgendwo predigen, als jetzt in die Küche zu gehen und zu sagen: »Es tut mir Leid!« Und so möchte ich dann auch manchmal sagen: »Herr, ich habe keine Zeit; ich muss jetzt predigen gehen und ich kann keine Zeit verschwenden.«

Dann sagt der Herr: »Gut, du kannst mit deiner Bibel gehen. Geh du und predige. Ich bleibe in der Küche bei deiner Frau.«

Das ist hart; denn das würde heißen, dass ich allein predigen müsste. Und allein zu predigen ist eine schlimme Aufgabe. Die Bibel redet nicht, der Heilige Geist gibt keine Kraft, das Herz ist nicht frei, es kommen keine Worte. Was hat es für einen Zweck, so zu predigen?

So kommt der Segen spendende Heilige Geist und kehrt mich um: »Geh zu deiner Frau in die Küche!« Und ich gehe. Ich sage zu meiner Frau: »Es tut mir Leid. Ich habe Kälte verursacht. Ich war kritisch. Ich habe meinen Herrn betrübt und ich habe Zeit verschwendet. Und dich habe ich zu einer Fremden gemacht. Bitte vergib mir!«

Und sehr oft vergibt sie mir. Manchmal vergibt sie mir nicht so schnell. Sie merkt, dass ich es vielleicht nur tue, weil ich weiß, dass es getan werden muss. Dann sagt mir der Herr: »Tue es noch einmal. Lass es tiefer eindringen. Du bist noch nicht genug zerbrochen. Du erwartest, dass man dir schnell vergibt. Wenn du bereust, darfst du nicht von den anderen erwarten, dass sie dir schnell vergeben. Warum sollten sie es denn tun? Nur Jesus vergibt dir schnell. Lass den anderen doch Zeit, damit der Heilige Geist es noch tiefer eindringen lassen kann.«

Und wenn es dann kommt, ist es noch süßer und schöner. Wenn meine Frau mir dann vergibt und selbst auch Buße tut und wir uns gegenseitig vergeben, weil Jesus uns vergeben hat, dann ist viel Licht in unserer Küche und wir fangen an zu singen. In der Küche hat eine Erweckung begonnen, und dann möchten wir hinausgehen und das Erlebnis weitererzählen.

Wir verdanken es der Offenheit der Männer der Bibel, dass ihre besonders schweren Stunden, ihr Versagen und Fehlen und die persönliche Hilfe Gottes unzähligen Bibellesern bis heute zum persönlichen Segen geworden sind. Ihre Offenheit hatte im eigenen Zerbrochensein ihre Wurzeln. David sagt in seinen Bußpsalmen nach dem Ehebruch mit Bathseba: »Ein zerbrochenes Herz wirst du, Gott, nicht verachten« (Ps. 51,19). Petrus verschwieg seine Tränen des inneren Zerbruchs nach der Verleugnung Jesu nicht (Lk. 22,60-62). Paulus schrieb, dass die Trübsale und Bedrängnisse ihm und seinen Mitarbeitern so zugesetzt haben, dass sie am Leben verzweifelt sind (2. Kor. 1,8). Wie wüssten wir die innere Geschichte von Jona oder Gottes Handeln mit Elia in der Wüste und auf dem Berg Horeb, wenn Jona und Elia es nicht erzählt hätten.

Es kostet etwas, offen zu sein – hier schlägt das Herz der Ostafrikanischen Erweckung

Als ich Festo Kivengere in einer Versammlung in Surabaya (Indonesien) übersetzte, berichtete er von dem bewegenden Zeugnis einer afrikanischen Christin.

Während des Mau-Mau-Aufstandes in Kenia wurde ihre Hütte von Aufständischen überfallen. Sie stellten ihrem Mann und ihr das Ultimatum, entweder Blut zu trinken als Zeichen ihrer Bereitschaft, den Mau-Mau beizutreten, oder umgebracht zu werden. Der Mann bat um Zeit, mit seiner Frau und den Kindern zu beten. Danach sagte er: »Wir sind jetzt bereit, in den Himmel zu gehen.« Der Anführer war über dieses Bekenntnis so erbost, dass er den Mann vor den Augen der Frau und der Kinder tötete. Dann lief die Gruppe plötzlich fort. Keiner wusste warum. Zusammen mit der Familie bestatteten die Christen des Dorfes den Leichnam.

Jahre später, die Situation im Lande hatte sich wieder normalisiert, fand eine große Glaubenskonferenz in Nairobi statt. Die afrikanische Christin gab vor der großen Versammlung ein persönliches Zeugnis, wie Gott sie vom Hass gegenüber dem Mörder ihres Mannes befreit hatte. Sie sagte: »Ich kann ihm jetzt vergeben.« Und dann streckte sie ihre Hand aus. »Ich bin bereit, diese Hand dem Mörder meines Mannes zu geben.« Ein Taxifahrer stand in der Versammlung auf und kam zögernd nach vorne und fasste die ausgestreckte Hand. Es war der Mörder ihres Mannes, der inzwischen Christ geworden war. Was folgte, war überwältigend: Überall standen in der großen Versammlung Menschen auf, suchten einander und gingen aufeinander zu.

Festo Kivengere sagte: »An jenem Tage brauchte keine Predigt mehr gehalten zu werden. Es geschah Versöhnung.«

Erweckung bedeutet: Nicht ich, sondern Christus

In diesem Satz ist das taufrische, vollmächtige und beständige geistliche Leben des Apostels Paulus auf den Punkt gebracht. Erweckung bedeutet, dass der Heilige Geist bei mir das Zeugnis des Apostels Paulus im Heute und Jetzt verwirklicht: »Ich bin mit Christus gekreuzigt. Ich lebe, doch nun nicht ich, sondern Christus lebt in mir« (Gal. 2,19-20). Unser Problem ist, dass wir dieses Zeugnis des Paulus allzu gut kennen. Wir halten es für geistlich richtig. Ist es aber in unserem Leben existentiell wahr? Erweckung geschieht, wenn der Geist der Wahrheit uns aus der biblischen Richtigkeit in die wahre Verwirklichung führt. Ich erlaube Gottes Geist, das reizbare, neidische, empfindliche, kritische, unbeugsame, stolze und selbstbewusste Ich ans Kreuz zu nageln, so dass es mit Christus gekreuzigt ist, wie die Schrift sagt, und zu der echten, gottgewollten Persönlichkeit befreit wird. Die Auslieferung des Ichs ist Gottes Werk, aber wir haben unsere Zustimmung zu geben und uns im Glauben immer wieder neu zu einer Entscheidung zu stellen, besonders wenn wir in der Gefahr stehen, uns selbst und unsern Vorteil in der Arbeit für den Herrn zu suchen, vom Positionsdenken beherrscht zu werden, Rechte auf eigene, vehemente Weise zu verteidigen und vom Bazillus der Unversöhnlichkeit infiziert zu werden. Ein Blick auf das Kreuz, an dem wir den Sohn Gottes in Selbstentäußerung hängen sehen, hilft uns, wenn wir angegriffen, geschmäht, verspottet werden oder Gottes Macht zur Selbstentfaltung und Selbstdarstellung missbrauchen wollen.

Das Zeugnis des Apostels Paulus »Ich bin mit Christus gekreuzigt . . .« (Gal. 2,19-20) wurde zur Botschaft der Ostafrikanischen Erweckungsbewegung. Gekreuzigtsein ist der Anfang der Erweckung. Es ist schmerzhaft und demütigend, aber es ist der einzige Weg. Jetzt heißt es nicht mehr »ich«, sondern »Christus in mir«. Der Herr Jesus kann uns nicht eher erfüllen und sich nicht früher durch uns offenbaren, bis das stolze Ich in uns gekreuzigt ist. Oft ist es das eigene Ich, das die Arbeit für den Herrn tun will. Es ist das Ich, das leicht reizbar, neidisch, empfindlich, kritisch und besorgt ist. Das Ich ist unbeugsam und unnachgiebig andern gegenüber. Auch Schüchternheit, Zurückhaltung und Selbstbewusstsein gehören zum eigenen Ich. Kein Wunder, dass es gekreuzigt werden muss. Solange das Ich in uns herrscht, kann Gott wenig mit uns anfangen, denn die Frucht des Geistes (Gal. 5,22), mit der uns Gott gerne erfüllen möchte, ist dem widerstrebenden, ungebrochenen Geist in uns gerade entgegengesetzt.

Erweckung bedeutet: Lasst euch vom Geist erfüllen

Aber wenn das Gekreuzigtsein mit Christus Wirklichkeit in unserem Leben geworden ist, hat der Heilige Geist Raum. »Lasst euch vom Geist erfüllen« (Eph. 5,18) und »ich bin mit Christus gekreuzigt« (Gal. 2,19) stehen in einem unlösbaren Zusammenhang. Das Erfülltsein mit dem Heiligen Geist wird zu einem Leben im Geist

(Gal. 5,16+25), wenn das Ich ausgeliefert und mit Christus gekreuzigt ist und bleibt. Das ist die erweckliche Grundlage für ein entkrampftes Wachsen in der Heiligung, für ein diszipliniertes Gebrauchen der Gnadengaben und für ein spontanes Gehorchen den Führungen Gottes gegenüber. Der Geist Gottes möchte einen jeden wiedergeborenen Christen in das Bild Jesu umgestalten und die Frucht des Geistes zum Wachsen bringen (2. Kor. 3,17-18, Gal. 5,22). Der Geist Gottes möchte jeden Christen zum Dienst in Gemeinde und Mission bevollmächtigen, die Werke Jesu durch ihn zu tun (Joh. 14,12), indem er ihn mit mindestens einer Gabe des Heiligen Geistes ausrüstet (1. Kor. 12,7+11). Der Geist Gottes möchte alle Gemeindeglieder persönlich führen, so dass sie in den großen und kleinen Entscheidungen ihres Lebens in den Willen Gottes hineinkommen und Gott durch sie am richtigen Platz zur richtigen Zeit und auf die richtige Art und Weise seinen Plan zur Ausführung bringen kann (Ps. 119,105; Apg. 13,2-3; 16,6-7). Wie viele Geistesgaben, die in christlichen Gemeinden nicht gebraucht und eingemottet sind, würden wieder in den Dienst für Jesus eingesetzt werden und wie viele Christen, die durch Ungehorsam wie rostende Eisenbahnwagen auf Abstellgleisen stehen, würden wieder für Jesus in Bewegung kommen, wenn ein mächtiges Wirken des Heiligen Geistes sie wachrütteln, in die Buße und zu einer bedingungslosen Hingabe an Jesus führen würde! Dann wäre das Priestertum aller Gläubigen nicht nur eine reformatorische Entdeckung, sondern eine mächtige Bewegung der Gemeindeerneuerung, nicht nur auf Erbauung ausgerichtet, sondern ein dringend benötigter Beitrag für die Weltmission! Gerade dies geschieht ja in den erwecklichen Aufbrüchen in Asien, Afrika und Osteuropa.

Erweckung bedeutet: Die Botschaft vom Kreuz und die Botschaft vom Heiligen Geist gehören zusammen

Es ist darum von entscheidender Bedeutung für die Erweckung der Gemeinde in der Endzeit, dass die Teile der Gemeinde Jesu, denen der Herr in besonderer Weise die Botschaft des Kreuzes aufgetragen hat, und die Teile der Gemeinde Jesu, denen der Herr ein Wiederentdecken des charismatischen Dienstes des Heiligen Geistes geschenkt hat, sich in dem Bewusstsein »wir brauchen einander« dankbar und demütig annehmen.

Es war ein einsames Tal in den Vorbergen des Himalajas, das sich dieser Leiter einer großen Missionarsfeldgemeinschaft gewählt hatte, um mit Gott allein zu sein. Früher Major der Armee, hatte er sein ganzes Leben in den Dienst Jesu gestellt. Er war ein begabter Verkünder des Wortes Gottes, eine dynamische Persönlichkeit und ein guter Administrator. Eine tiefe Niedergeschlagenheit und Frustration hatten sich in ihm breit gemacht. Er hatte begriffen, dass sein hingegebener Einsatz für die Missionsgemeinschaft, die er leitete, mehr Not als Segen gebracht hatte. Er legte sich auf das grüne Gras, die Beine lang ausgestreckt und die Arme ausgebreitet. So hat er es mir später erzählt. Mit dem blauen Himmel über sich und mit den emporragenden Bergen als Zeugen rief er: »Herr Jesus, hier liege ich als Zeichen, dass ich mit dir gekreuzigt bin. Mein altes Wesen und mein Arbeiten und Dienen in eigener Kraft sind mit dir gekreuzigt. Ich danke dir, dass nicht mehr mein Ich, sondern du der Herr meines Lebens bist.« Diese Verwirklichung von Galater 2,19-20 hat ihn zu einem noch fähigeren und später weltweiten Leiter gemacht, der seinen verantwortungsvollen Dienst aus dem Gebrochensein seines Ichs und in der Identifikation mit dem gekreuzigten Herrn tat, zur großen Ermutigung und Bereicherung der Vielen, die er leitete.

Erweckung bedeutet: Dienende Leiterschaft und das Gekreuzigtsein mit Christus gehören zusammen

Es ist ganz offensichtlich, dass die Glaubenserfahrung des Gekreuzigtseins mit Christus in dienender Leiterschaft (Servant leadership) Gestalt annimmt, und zwar als wichtiges Element der Erweckung. Die Fußwaschung Jesu in Johannes 13 ist nicht nur eine einmalige Darstellung seines Charakters der Selbstentäußerung des

Gottessohnes, gleichsam seinen Weg von der Krippe bis zum Kreuz zusammenfassend, sondern ein Vorbild, ja eine prägende Vorbildhandlung, »damit ihr tut, wie ich euch getan habe«, V. 15. Das kleine Wort »wie« hat zunächst einen vergleichenden, dann aber einen begründenden Sinn. Ihr könnt so handeln, weil ich an euch gehandelt habe. Jesus steht nicht nur als Vorbild vor uns, sondern der Heilige Geist möchte durch uns seine Taten tun (Joh. 14,12). Und das ist nun die große Herausforderung an alle Jünger, damals wie heute: Der Heilige Geist will in allen Kulturen und allen Charakteren den hingegebenen und demütigen Dienst des Füßewaschens am Bruder und an der Schwester verwirklichen, wenn wir ihm Raum geben dadurch, dass wir im Glauben dazu »Ja« sagen, dass unser stolzes Ich mit Christus gekreuzigt ist. »Ihr nennt mich Meister und Herr und sagt es mit Recht, denn ich bin's auch«, V. 13. Ihr seid Gemeindeälteste, Prediger, Pastoren, Lehrer, Missionare, Feldleiter, Leiter von Kirchen und Institutionen, und das seid ihr mit Recht. Es gibt ein geistliches Bewusstsein von Berufung, Leiterschaft und Verantwortung. Dieses ist immer wieder angefochten durch die Tendenz des »alten Menschen« zu herrschen, Ansehen zu gewinnen und sich durch den Dienst im Reiche Gottes persönlich zu profilieren.

Wenn jemand in Asien, Afrika und Südamerika, aber genauso auch in Europa und Amerika für einige Perioden ein Amt in der Gemeinde bekleidet hat, ist es nicht leicht für ihn, zurückzutreten und in einen anderen, »darunter liegenden« Arbeitsbereich im Reich Gottes zu wechseln. Viele Gemeinden haben darum in ihrer Gemeindeordnung die Bestimmung, dass ein Ältester nur für 2 oder 3 Amtsperioden nacheinander gewählt werden kann oder dass ein Pastor nach 8 bis 10 Jahren die Gemeinde wechseln muss. Die Handlung Jesu, das Obergewand abzulegen und einen niedrigen Dienst zu tun, ist so dem Denken und Fühlen des Menschen, in welcher Kultur auch immer, entgegengesetzt, dass es Jahre des Lehrens und des persönlichen Beispiels des Missionars braucht, bis diese fundamentale Wahrheit in der Nachfolge und im Dienst für Jesus erkannt, mit tiefster Überzeugung natürlich und nicht aufgesetzt praktiziert wird.

Es ist für jeden, der sich Meister, Lehrer, Pastor, Ältester und Leiter eines Werkes oder Gremiums nennt, existentiell wichtig, sich für seinen Führungsstil am Beispiel des »servant leadership« Jesu zu orientieren. Leiten und Dienen zugleich, Autorität und Demut ausstrahlen, weil die Motivation des Herzens stimmt, und den Eigennutz ganz von dem Verlangen, Gott in allem zu verherrlichen, ersetzen lassen – das ist die große Herausforderung für jeden, der im Reiche Gottes eine Leitungs- und Dienstfunktion übertragen bekommen hat. Wir selbst werden in dieser Herausforderung zuschanden. Aber wenn wir den Schaden unseres eigenen Wesens zutiefst erkannt haben, kann Jesus in den zerbrochenen Herzen von Leitern in seiner Fülle Wohnung nehmen. Wem als Leiter viel von Jesus vergeben worden ist, kann anderen vergeben. Wer als Leiter versagt hat, kann anderen Versagern wieder auf die Beine helfen. Die Fülle des »servant leadership« Jesu ist zugleich auch die Fülle des Heiligen Geistes, der tröstet, ermahnt, zurechtweist, ermutigt und führt.

Bischof Festo Kivengere praktizierte nach dem Vorbild Jesu servant leadership und war zugleich ein Uganda weit geachteter und verehrter »großer afrikanischer Häuptling«. Geprägt von der Ostafrikanischen Erweckungsbewegung war er ein bevollmächtigter und demütiger Evangelist, ein vom Kreuz bestimmter charismatischer Führer, vor allem aber ein offener und ehrlicher Bruder.

Hier einige Zitate aus der Abendmahlspredigt, die er am Schlusstag der Lausanner Konferenz hielt:

Nein, die Worte machen's nicht. Es ist vielmehr das Kreuz, das bewirkt, dass die Worte der Schrift Fleisch und Knochen für die Menschheit werden. Diese kompromisslose Liebe ist es, die ich meine, während wir oft behaupten, von der Evangelisation inspiriert zu sein, um Evangelisten zu sein. Verstehen Sie, dass ich an dieser Stelle gern ein wenig verweilen und Ihnen, meine lieben Brüder, etwas sagen möchte unter der Inspiration dieses wundervollen Kreuzes, dieser Kraft, die Mauern niederreißt und ein neues Fingerspitzengefühl der Liebe, echter, kostbarer Liebe, schafft. Ich möchte Sie fragen: Wie stehen Sie zu denen, die Ihre Überzeugung nicht teilen? Ich weiß, dass die meisten von uns eher bereit sind zu sterben, als Kompromisse einzugehen mit denen, die unseren Standpunkt nicht teilen. Das ist sehr gut. Seien Sie klar, seien Sie bibeltreu. Aber bedenken Sie bitte Folgendes: Nur wenn Sie den anderen kompromisslos lieben, haben Sie ein Recht, ihn zu kritisieren. Sie können mich dann kritisieren, wenn Sie mich richtig lieben, ja nur dann, wenn diese Liebe größer und tiefer ist als die Kritik. Als Jesus die Pharisäer kritisierte: »Weh euch, ihr Pharisäer, ihr Heuchler!«, da ging er anschließend nach Golgatha und starb für sie. Erst das Sterben für sie qualifizierte ihn dazu, sie zu kritisieren. Sind Sie bereit, für den anderen zu sterben? Lieben Sie ihn so sehr, dass Sie ihn auch kritisieren können? Erst dann ist Ihre Kritik auch eine erlösende. Trockene Worte, die Sie dem anderen entgegenschleudern, sind sicher nicht vom Geist von Golgatha inspiriert. Wir müssen an dieser Stelle Buße tun.

Lassen Sie uns unsere Beziehungen einmal überprüfen, denn das Kreuz steht dort, wo Gott die Menschheit umarmt und wo die Menschheit sich die Hände reichen kann; wo die Kulturen Mittel der Verständigung, statt Mittel der Zertrennung werden können.

Ihre Hautfarbe ist keine Entschuldigung dafür, dass Sie keine Gemeinschaft mit einem Bruder haben. Ich kann das hier bezeugen. Ich hatte Gemeinschaft mit Weißen und mit Schwarzen, mit Gelben und mit Braunen und mit jedermann. Warum? Ich war nicht nur ein blinder Fanatiker, ich war einer der starrsinnigsten Fanatiker, die Ihnen jemals begegnen können, furchtbar allein, voller Vorurteile. In meinem Stamm aßen wir niemals mit dem Nachbarstamm. Wir waren isoliert, voller Stolz, bis das Kreuz eindrang; und dann sah ich Menschen, die sich aufmachten und zum Kreuz kamen und sich umarmten. Und tatsächlich, eines Tages musste auch ich gehen. Da war ich überwunden und umarmte einen Missionar. Ich bekannte meine Sünde vor ihm und sagte: »Es tut mir Leid. Ich hasste dich, aber nun bist du mein Bruder. Das Kreuz hat mich befreit. Ich möchte dein Bruder sein.«

Oft ertappe ich mich selbst dabei, wenn ich mich anschicke zu predigen, dass zwischen mir und meinem Bruder etwas noch nicht in Ordnung ist. Und der Geist Gottes sagt: »Bevor du an deiner

Predigt weitermachst, geh zu deinem Bruder.« Aber ich hasse das. Ich fürchte das. Das ist eine so erniedrigende und beschämende Erfahrung. Aber der Herr sagt: »Ich lasse nicht los, bevor du nicht zu deinem Bruder gehst. Wenn du nicht willst, dann magst du wohl deine Bibel nehmen und hingehen und predigen, aber ich werde mit diesem Bruder hier hinten zurückbleiben.« Wie oft lassen wir unsere Frauen zu Hause unglücklich zurück und gehen zu Konferenzen, um wunderbare Predigten zu halten. Und die Leute klatschen Beifall, denn sie wissen nicht, dass deine Frau in der Küche voller Kummer zurückgeblieben ist, weil du so selbstsüchtig warst. Wir müssen uns ein Herz fassen und zurückgehen und solche Dinge in Ordnung bringen. Dann können wir uns in der Kraft des Kreuzes auf den Weg machen, um die Menschheit zu befreien, die Kranken zu heilen, den Schwachen zu helfen und den Sünder zurückzugewinnen.

Das Brot spricht vom Mahlen der Körner, die dann zu einem Ganzen werden – viele Körner, die zermahlen und zu einem Ganzen zusammengefügt werden, damit hungrige Menschen es essen können. Und der Wein spricht von den vielen Trauben, die zusammen zertreten werden, gepresst, damit der Saft hervorfließen kann. Der Dienst des Christen geht durch das Leiden. Wir können kein Brot sein, bevor wir zusammen »zerschmettert« worden sind. Natürlich können wir die Menschen nicht mit uns selbst ernähren, sondern wir tragen das Brot weiter. Jesus sagt: »Ich bin das Brot der Welt!« – So sehen wir hier eine ganze Anzahl wunderbarer Bilder.

Ein anderes, sehr wichtiges Bild ist, dass es Gemeinschaften geben muss. Wenn die Körner Nahrung für die hungrige Welt sein sollen, müssen sie zusammen gemahlen werden. Unzerkleinerte Körner können niemals einen Brotlaib bilden. Sie bleiben dann Tausende von Körnern in einem Sack. Damit sie aber zu einem Laib Brot für die Hungrigen werden, müssen sie zermahlen werden, zusammen zerbrochen – Gemeinschaft.

Der Wein; wenn es ihn geben soll, der die Durstigen und Müden erfrischen soll, müssen vorher die Trauben zusammen gepresst und zerquetscht werden. Es muss eine Gemeinschaft des Zerbrochenseins geben.

Was sagt das aus? Es sagt etwas über das Kreuz aus. Der Sohn Gottes, alle seine Gaben, alles, was ihn zum allmächtigen Gott macht, musste zerbrochen werden - das Göttliche und das Menschliche -, zerbrochen am Kreuz. Daraus entstand das Brot; daraus entsprang das Wasser des Lebens; des Lebens, das die Müden erfrischt. Bedenken Sie also diese beiden Dinge. Wir haben hier eine Bildersprache aus dem Herzen unseres Herrn.

Erweckung bedeutet: Das Gekreuzigtsein mit Christus macht gegenseitige Akzeptanz möglich

Eine besondere Auswirkung des Gekreuzigtseins mit Christus beobachtete Pastor Daniel in der Timoresischen Erweckungsbewegung:

»Ganz offensichtlich sind die Veränderungen in der Beziehung von Mann und Frau eine Folge der Erweckung. Früher galten Frauen als dumm und den Männern nicht ebenbürtig. Das drückte sich darin aus, dass auf dem Weg der Mann vorausging und die Frau hinter ihm alle Sachen tragen musste. Das hat sich jetzt geändert. Die Frauen genießen jetzt die Achtung ihrer Männer. Sie haben erkannt, dass Gott auch Frauen mit den Gaben des Heiligen Geistes ausrüstet. Was früher nicht möglich war, geschieht jetzt: Ehepaare dienen dem Herrn zusammen, indem sie sich gegenseitig ergänzen, und zwar in den Gebetsgruppen, die sich in ihren Häusern versammeln, und im Dienst nach draußen in den Evangeliumsmannschaften. Auch die persönliche Ehebeziehung ist von Wärme, Wertschätzung und Liebe gekennzeichnet. Und auch dies war früher nicht möglich: Der Mann erlaubt seiner Frau, für einige Zeit mit einem Team in den Einsatz zu gehen, wobei er selbst das Haus versorgt.«[14]

[14] Gespräch am 22. 6. 1995 in Soe, Timor

Zuletzt hat die persönliche Erfahrung von Galater 2,19-20 »Nicht mehr ich, sondern Christus« eine ganz besondere Bedeutung in der Zusammenarbeit im Team. Die gemeinsame Vorbereitung eines Teameinsatzes wird nicht von ein oder zwei Teammitgliedern dominiert. Schüchtern veranlagte Teammitglieder ziehen sich nicht mehr ins Schneckenhaus zurück. Die Gaben der Einzelnen werden von den Anderen bestätigt und entsprechend eingesetzt. Keiner muss sich selbst in den Vordergrund stellen. In dieser offenen, geistlichen Atmosphäre kann der Heilige Geist Teammitglieder ermutigen oder zurückhalten. Bei der Durchführung des Einsatzes kann das Team auf unvorhergesehene Situationen gemeinsam reagieren und dem Teamleiter den Rücken stärken. Keiner ist allein gelassen. Die einen geben Zeugnis, singen oder verkündigen, die anderen stehen im Gebet hinter ihnen. Durch Missverständnisse und falsche Eindrücke und Gefühle versucht der Teufel die Einheit des Teams zu sprengen. Da ist es wichtig, nicht »im Fleisch«, aus dem eigenen Ich zu reagieren, sondern den Schild des Glaubens zu packen, mit dem alle feurigen Pfeile des Teufels abgewehrt werden können. In der persönlichen Seelsorge an Menschen, die angesprochen oder getroffen sind, gilt es, die Teammitglieder weise unter der Leitung des Heiligen Geistes aufzuteilen. Und am Schluss sind alle nur »unnütze Knechte, die getan haben, was sie zu tun schuldig waren« (Lk. 17,10), und alle »Blumentöpfe« werden an den weitergereicht, der ihnen Auftrag, Vollmacht und Gelingen gab.

VI. Bleibende Erweckung

Echte Erweckung ist kein Strohfeuer, sondern ein Dauerbrand, der sich aus der Gnade Gottes, dem Wort Gottes und dem Geist Gottes nährt. Deshalb gilt es, die Bedeutung dieser Elemente der Erweckung wirklich zu verstehen und persönlich zu erfassen.

Der Gnadenerweis Gottes

Jede Erweckung ist zuerst ein mächtiger Gnadenerweis Gottes und erst dann eine Bewegung begnadeter, vom Geist Gottes erfüllter Sünder. Gottes Handeln und das erweckliche Wirken des Heiligen Geistes sind souverän. Er bestimmt Zeit, Ort und Art und Weise der Erweckung. Oft gebraucht Gott Zeiten politischer und wirtschaftlicher Erschütterungen, um mitten im Durcheinander dieser Welt sein Reich in besonderer Weise zu bauen. Oft ist der geistliche Abfall seiner Gemeinde so weit fortgeschritten und die geistliche Nacht schon so dunkel, dass kaum noch Hoffnung für eine Umkehr und Erneuerung besteht. Aber gerade dann bricht plötzlich Gottes heller Tag mit Macht herein, wie es zuletzt bei der Wiederkunft Jesu sein wird. Oft sind es Leidenszeiten, die einer Erweckung vorausgehen oder auf eine Erweckung folgen. All das kann im Leben eines Christen, einer Gemeinde oder auch einer ganzen Region oder Nation geschehen. Durch Gebetsversammlungen, Gebetszeiten und Gebetsketten bereitet Gott seine Gemeinde oder einzelne Christen auf Erweckung vor. Der Geist Gottes wirkt ein tiefes Verlangen nach Erweckung. Es ist aber nicht die Summe der Gebete, die endlich zu einer Erweckung führt. Genauso wie das Erfülltwerden mit dem Heiligen Geist nicht von der Summe langer Gebete, durchwachter Nächte, lautem oder leisem Beten abhängt, sondern ein Gnadenerweis unseres barmherzigen Gottes ist, so lässt sich auch keine Erweckung »geistlich erarbeiten«. ». . . nicht aus Werken, damit sich nicht jemand rühme. Denn wir sind sein Werk, geschaffen in Christus Jesus zu guten Werken, die Gott zuvor bereitet hat, dass wir darin wandeln sollen« (Eph. 2,9-10).

Im Gebet um Erweckung tut der Herr sein Werk an uns. Er nimmt uns in Seine Absichten hinein. Er bereitet uns in aller Stille für die Werke vor, in denen wir leben sollen, wenn er Erweckung schenkt.

Wir hatten in unserem Bibelinstitut in Batu, Indonesien, viele Jahre den ersten Montag im Monat als Gebetstag festgelegt. An diesen Gebetstagen legte der Herr uns die vielen Namenschristen in den älteren indonesischen Kirchen aufs Herz und konfrontierte uns zugleich mit der geistlichen Not und Dunkelheit vieler noch unerreichter Stämme und Inseln. Aber ohne dass es uns bewusst war, bereitete Gott uns selbst für die Erhörung unserer Gebete vor. Als Gottes Zeit (Kairos) für Indonesien gekommen war, erlebten wir das besondere Vorrecht seiner Gnade, von Anfang an in Gottes erweckliches Wirken hineingenommen zu sein.

Das Bleiben in der Gnade Gottes

Das Bleiben in der Gnade Gottes ist das Geheimnis für bleibendes Wachsen, für das wache, bewusste Leben in Gottes Gegenwart. Am Anfang unserer Errettung (Eph. 2,8) und am Anfang einer Erweckung. Der Fortgang unseres geistlichen Lebens ist entscheidend davon bestimmt, ob wir auf dem Weg der Gnade bleiben oder in Gesetzlichkeit abgleiten, ehemalige geistliche Erfahrungen zu Schienen unseres Christseins machen. Ebenso hängt der Fortgang einer Erweckung davon ab, ob sie auf dem Weg der Gnade und Barmherzigkeit Gottes bleibt. Und dieser Weg ist Jesus selbst. Die persönliche, lebendige Gemeinschaft mit Jesus, das Bleiben am Weinstock als Reben, das Bleiben in der Seelsorge Jesu und vor allen Dingen das Bleiben in der Liebe Jesu bewahrt erweckte Christen vor Nebenwegen, die leicht zu Irrwegen werden können.

Gerade beim Praktizieren der mannigfachen Gnadengaben ist es sehr wichtig, dass wir auf dem Weg der Gnade bleiben. Zu leicht schleicht sich ein Stufendenken ein, welches doch dem Wesen der Gnadengaben entgegengesetzt ist. Darum bietet ja die Bibel keine zusammenhängende Aufstellung der Geistesgaben. Dann würde sofort die Gefahr des Nummerierens gegeben sein. Paulus, der ja sonst Systematiker ist, setzt in loser Folge Gaben und Ämter nebeneinander. Man sollte deshalb auch keine Unterteilung der Gnadengaben in Wort-, Tat- und Zeichengaben, in übernatürliche und natürliche Gaben vornehmen. Erst recht nicht sollte eine Gabe besonders betont werden und als Tor zu den anderen Geistesgaben angesehen werden. Gnadengaben sind Gaben, Wirkungen der einen Gnade Gottes, die ihren Grund im Erlösungswerk Jesu auf Golgatha hat.

Es ist Gott, der Heilige Geist, der einem jeden seine Gabe zuteilt, wie er will (1. Kor. 12,11).

Auch die profane Bedeutung des Wortes Gnade (charis), nämlich Anmut, Liebreiz und Schönheit, steht in einem tiefen, inneren Zusammenhang mit der geistlichen Bedeutung von Gnade. Wo sich Gottes Schönheit und Anmut durch die Gnadengaben (charismata) kundtun kann, spiegelt ein Christ oder die Gemeinde diese Anmut, Schönheit und Gelassenheit mitten in allem Kampf und allen Schwierigkeiten wider. Denn der Kampf gehört nun dem Herrn. Alle falsche Anspannung, Verkrampfung, aller Stress, alles Erfolgsstreben im Dienst, alle Nervosität und alles Durchführen von Gottes Aufträgen in eigener Kraft – dies alles liegt hinter uns. Wir sind auf den Weg der Gnade zurückgekehrt. Gnade, Gnadengabe und Anmut gehören zusammen. Wir sind geneigt, uns zu große Schuhe und manchmal auch zu kleine Schuhe in der Nachfolge und im Dienst Jesu anzuziehen. Die Schuhe der Gnade Gottes passen uns aber ganz genau. Darum »setzt eure Hoffnung ganz auf die Gnade, ihr, die ihr einst nicht in Gnaden wart, nun aber in Gnaden seid«, denn »dem Demütigen gibt er Gnade« (1. Petr. 1,13, 2,10; 5,5).

Schwachheit und Gnade Gottes

Zur Gnade Gottes gerade in Erweckungszeiten gehört es, dass Gott sich schwache und damit von ihm abhängige Werkzeuge erwählt. Paulus bezeugt: »Der Herr hat zu mir gesagt: ›Lass dir an meiner Gnade genügen, denn meine Kraft ist in den Schwachen mächtig.‹ Darum will ich mich am allermeisten rühmen meiner Schwachheit, damit die Kraft Christi bei mir wohne« (2. Kor. 12,9).

Und so gehören Gnade und körperliche Schwachheit oft zusammen.

Das wird besonders bei Ludwig Hofacker, dem jugendlichen Erweckungsprediger des schwäbischen Pietismus Anfang des 19. Jahrhunderts, deutlich.

Er war ein von Leiden gezeichneter Mann. Mit 22 Jahren bricht er in Tübingen mitten auf der Straße körperlich zusammen. Drei Jahre später muss er das Vikariat in Plieningen wegen Ohnmachts- und Schwächeanfällen aufgeben. Seine Kopfnerven sind stark mitgenommen. Während seiner Zeit im Elternhaus erleidet der Vater einen Schlaganfall und der ältere Bruder wird gemütsleidend. Ludwig wird 1823 zum Vertreter seines Vaters an der Stuttgarter Leonhardskirche berufen. Aber 1825, mitten in der Zeit der Stuttgarter Erweckungspredigten, ist er mit seiner Gesundheit erneut am Ende. Die Genesung tritt erst nach einem Jahr ein. Aber er kann im Juli 1826 die Pfarrstelle in Riedlingen bei Marbach antreten. Die viel zu groß gebaute Riedlinger Kirche war unter seiner Verkündigung brechend voll. Er will den »gekreuzigten Heiland« seinen Hörern so vor Augen malen, dass dabei das Meer göttlicher Liebe »zum Hineinspringen« einlädt.[15] Er predigte als kranker Mann, ganz abhängig von der Gnade Gottes, die in den Schwachen mächtig ist, nur zwei Jahre, bis Gott ihn am 18. 11. 1828 mit 30 Jahren heimholte.

[15] Rolf Scheffbuch, in: Evangelisches Lexikon für Theologie und Gemeinde, Wuppertal 1993

Gnade und Gebet

Gnade und Gebet gehören zusammen. Der Heilige Geist wirkt in uns die Gnade, dass wir richtig um Erweckung beten können. Denn wir wissen nicht, was, wie und wann wir um Erweckung beten sollen. Aber der Geist vertritt uns mit unaussprechlichem Seufzen (Röm. 8,26). Er durchleuchtet dabei unseren eigenen unerweckten Zustand, Gebiete in unserem Leben, die verhärtet, erstarrt und geistlich tot sind. Da von Gott her gesehen Erweckung nicht nur das persönliche Leben eines Christen angeht, sondern auch die Beziehungen, in denen er lebt, umfasst, wird durch unser Gebet um Erweckung auch unser Leben in der Familie und in der Gemeinde auf den Prüfstand Gottes gestellt.

Im Gebet um Erweckung erkenne ich, dass die Liebesbeziehung zu meinem Ehepartner durch die Irritationen im Alltag, sprich Sünden, versandet ist. Durch Vergebung und Versöhnung und durch den Strom der göttlichen Liebe, die durch den Heiligen Geist in unsere Herzen ausgegossen ist (Röm. 5,5), bekommt die persönliche Beziehung eine nie erlebte Tiefe.

Im Gebet um Erweckung erkenne ich, dass Zuwendung und Annahme der eigenen Kinder und der verschiedenen Familienangehörigen von markanten Unterschieden gekennzeichnet sind. Gott aber liebt ohne Ansehen der Person (Apg. 10,34). Er macht keinen Unterschied. Ich werde bereit, Schritte zu unternehmen, hinzugehen und mich mit meinem Bruder - so auch mit den eigenen Familienangehörigen, mit Nachbarn, Freunden, Kollegen - zu versöhnen (Mt. 5,23-24).

Im Gebet um Erweckung erkenne ich, dass meine Beziehung zu bestimmten Mitgliedern der Gemeinde belastet ist, weil ich mich an ihrer Art stoße. Plötzlich begreife ich, dass Gott ja auch mit mir große Schwierigkeiten hat und dass meine Art anderen in der Gemeinde zum Anstoß wird. »Nehmt euch einander an, weil euch Christus angenommen hat zum Lobe Gottes« (Röm. 15,7). Erweckung beginnt in mir und in der Gemeinde, wenn ich alle als Brüder und Schwestern in Christus herzlich liebe, wenn ich nicht über sie, sondern direkt mit ihnen rede und mich herzlich an ihnen freue und das auch zum Ausdruck bringe, weil Jesus auch in ihnen das gute Werk begonnen hat und es zum Ziel bringen wird (Röm. 12,10; Jak. 4,11; Phil. 1,6).

Im Gebet um Erweckung erkenne ich, dass meine Gemeinde Teil der Gesamtgemeinde Jesu ist und eigentlich als Glied am Leibe Christi mit anderen Gemeinden innere Verbindung praktizieren sollte. »Das Auge kann nicht sagen zu der Hand: Ich brauche dich nicht; oder auch das Haupt zu den Füßen: Ich brauche euch nicht. Vielmehr sind die Glieder des Leibes, die uns die schwächsten zu sein scheinen, die nötigsten . . .« Paulus spricht in 1. Korinther 12,12-26 nicht nur von den Beziehungen der Gemeindeglieder einer Gemeinde zueinander, sondern auch von den Beziehungen der Gemeinden untereinander. Christus ist das Haupt der einen weltweiten Gemeinde, die sein Leib ist, so wie er auch das Haupt einer jeden Ortsgemeinde ist.

Eingrenzen der Gnade Gottes

Im Gebet um Erweckung wird mir schmerzlich bewusst, wie viele Mauern zwischen Gemeinden hochgezogen worden sind, so dass sie der Segen Gottes als Glieder der Gesamtgemeinde Jesu nicht erreichen kann.

Zweifellos gibt es legitime Mauern Gemeinden gegenüber, die Christus nicht mehr als Sohn Gottes, Erlöser und einzigen Weg zu Gott anerkennen und ihr Leben und ihre Ethik nicht vom Wort Gottes bestimmen lassen. Klare Abgrenzungen sind nötig gegenüber Gemeinden, die keinen klaren Stand gegen okkulte, spiritistische und dämonische Unterwanderung beziehen, wobei dies an Ort und Stelle festgestellt sein muss.

Die meisten Mauern zwischen den Gemeinden entsprechen aber nicht dem Wort Gottes und hindern Gottes gnädiges Heimsuchen in Erweckung. Es sind die Mauern eigener geistlicher Tradition, deren Steine oft mit dem Mörtel geistlichen Hochmuts hochgemauert sind. Es sind die Mauern von Konkurrenzdenken und eigener, geistlicher Selbstverwirklichung. Es sind die Mauern nicht zentraler, unwichtiger theologischer Unterschiede. Es sind die Mauern sehr menschlicher, persönlicher Verletzungen.

Im Gebet um Erweckung beuge ich mich unter die Zerrissenheit des Leibes Christi, in dem ja alle sozialen, nationalen, rassischen, bildungsmäßigen, denominationellen und geschlechtlichen Gegensätze durch die Erlösung Jesu und das Wirken des Heiligen Geistes überwunden sind (Kol. 3,11; Gal. 3,18). Das Gebet um Erweckung veranlasst die Beter zu Schritten der Versöhnung und damit zu innerer Umkehr und Erneuerung und ebnet so den Weg für ein gnädiges Heimsuchen Gottes. Denn Erweckung ist Gnade. Wenn ich aber meinen Platz als bibeltreuer und geisterfüllter Christ jenseits der Gnade Gottes einnehme, weil ich die gegenwärtige Reinigung durch das Blut Jesu (1. Joh. 1,7) und die konkrete Versöhnung im Hier und Jetzt (Mt. 5,23-24; Mk. 11,25) für mein geistliches Leben als unwichtig ansehe, stelle ich mich ins Abseits der geistlichen Erweckung, mit der heute der Heilige Geist die Gemeinde Jesu weltweit auf die Endzeit und die Wiederkunft Jesu vorbereitet.

Wie diese Gemeinschaft der Erweckten, die auf der gegenwärtigen Erfahrung der Gnade und Barmherzigkeit Gottes in Vergebung und Versöhnung basiert, eine angefochtene Gemeinschaft ist, hat Festo Kivengere, der ostafrikanische Bischof und Erweckungsführer, in einfacher und eindringlicher Weise skizziert:

»In der Gemeinschaft neigen wir leicht dazu, uns gegenseitig zu beschuldigen. Denken wir doch daran, dass Jesus die Anklageschrift gelöscht hat! Aber was tun wir? Wir schreiben eine neue Anklage und hängen sie über den Kopf unseres Bruders. Auf diese Weise beschuldigen wir ihn. Aber Jesus kommt und nimmt die Anklage fort. Danach hängen wir sie wieder an den alten Ort zurück, aber Jesus nimmt sie wieder weg.

Wir Christen sind oft schlimme Leute. Jesus hat die Anklage weggenommen. Aber wir bleiben dabei, immer wieder neue Anschuldigungen gegen andere Menschen hervorzubringen. Auf diese Weise können wir keine Gemeinschaft haben. Zwischen dem Richter und dem armen Angeklagten gibt es nicht viel Gemeinsames.

Der Richter hat Recht, der Schuldige hat Unrecht. Der Richter ist nach dem Gesetz gut, der Schuldige dagegen ist böse. Das ist das Problem unserer Gemeinschaft. Viele von uns verhalten sich untereinander wie Richter und Angeklagter. Sobald jemand meint, er sei besser und der Bruder schlechter, handelt er wie ein Richter - kalt und ohne Erbarmen. Deshalb sind wir oft in unserer Gemeinschaft so kalt. Jesus kam und hat die Schranken weggetan. Der Gerechte kam, um die Ungerechten zu rechtfertigen. Durch das Kreuz hat Jesus die Trennung überwunden. Er hat die Anklage nicht nur durchgestrichen, sondern durchkreuzt.

Auf diese Weise fing Gemeinschaft an. Das Kreuz glich einer Kreuzung, die zu den anderen führt. Christen müssen sich immer wieder über die Grenzen der Kultur hinwegsetzen, über die Sprachgrenzen, über die Gruppierungen der Kirchen. Lasst uns doch die Hindernisse überwinden! Auf diese Weise haben wir Gemeinschaft. Wenn wir aber stehen bleiben, wo wir stehen, und die anderen bleiben an ihrem Ort, sind wir keine Brüder. Jesus kam herab zu uns. Er wurde eins mit uns, damit wir untereinander eins sein könnten. Er setzte über zu uns, damit wir zu Gott finden und dann zueinander kommen können.«[16]

Mein Vater, Dr. Horst Scheunemann, schrieb in seinen unveröffentlichten Lebenserinnerungen: »Wie oft hat uns nicht der Ostafrikaner Festo Kivengere klar gemacht, dass wir uns mit unserem frommen Beten am Kreuz Jesu vorbeimogeln und im Grunde in der Finsternis bleiben. Wir beten: ›Herr, schenke mir mehr Liebe!‹ ›Herr, ich bitte dich um mehr Verständnis für andere.‹ ›Herr, lass mich nicht so kritisch sein!‹ ›Herr, lass mich nicht mehr sorgen, denn du sorgst für mich!‹ Nein, es geht zuerst darum, dass ich meine Lieblosigkeit, meine Verständnislosigkeit, meine Kritik und meine Sorge als Sünde vor Gott bekenne. Deshalb zeigt uns das Wort Gottes zuerst unser Versagen und unsere Sünde, um uns in der Vergebung unserer Sünde zuerst zu unserem Herrn und Heiland Jesus

16 Festo Kivengere, »Jesu Gnade genügt«, Großalmerode 1976, S. 100-101

Christus selbst zu führen – auch als Gläubige –, denn es gilt, die Wurzeln der Sünde zu beseitigen, so dass wahre Veränderung, nicht nur oberflächliche Veränderung, geschehen kann.«

Wort und Geist

Immer, wenn der Geist zum Wort kommt oder das Wort zum Geist, geschieht Gewaltiges und Wunderbares. So war es bei der Schöpfungsgeschichte. »Der Geist Gottes schwebte über dem Wasser. Und Gott sprach: Es werde Licht! Und es ward Licht!« Nach Kolosser 1,16 war Jesus, der Erstgeborene vor der Schöpfung, das Wort, durch welches die Welt geschaffen wurde (Joh. 1,1).

So war es, als das Wort Fleisch wurde und unter uns wohnte. Jesus wurde durch den Heiligen Geist empfangen, bei der Taufe kam der Geist auf ihn herab, und in der Kraft des Heiligen Geistes begann er, das Wort Gottes zu lehren (Joh. 1,1+14; Lk. 1,35; 3,22; 4,14-15).

So war es während der Wirkungszeit Jesu: Die Worte, die er redete, waren Geist und Leben. Das Volk entsetzte sich über seine Lehre, denn er lehrte mit Vollmacht. Er war für die Menschen ein Prophet, mächtig in Taten und Worten vor Gott (Joh. 6,63; Mt. 7,28-29; Lk. 24,19).

So war es, als zu Pfingsten die Jünger mit dem Heiligen Geist erfüllt wurden und Petrus das Wort Gottes verkündigte. Tausende hörten zu, entsetzten und wunderten sich. Das Wort Gottes ging ihnen durchs Herz (Apg. 2,1-4+7+11+14+37).

So war es, als einfache Christen in der Verfolgung im Gebet zusammen kamen, um Mut, Heilung und Wunder baten und sie alle mit dem Heiligen Geist erfüllt wurden, so dass sie das Wort Gottes mit Freimut redeten (Apg. 4,29-31).

So war es bei der Verkündigung des Apostels Paulus: Viele aus den Nationen kamen zum Glauben und wurden mit Freude und dem Heiligen Geist erfüllt, Kranke wurden gesund und dämonisch Besessene frei (Apg. 13,48+52; 14,9-10; 16,18). Er selbst sagte über seine Verkündigung: Sie geschah in Schwachheit und großem

Zittern, nicht mit überredenden Worten menschlicher Weisheit, sondern in der Erweisung des Geistes und der Kraft, nicht allein im Wort, sondern auch in der Kraft des Heiligen Geistes (1. Kor. 2,5; 1. Thess. 1,5).

Immer, wenn Gott in der Geschichte seiner Gemeinde Menschen fand, die sich mit dem Verlust des lebendigen Wortes als Licht ihres Lebens und mit der Nichtachtung des Heiligen Geistes als Kraft ihres Lebens und Dienstes nicht abfinden wollten, sondern sich in tiefer Betroffenheit und Buße vor Gott stellten, konnte Gott gewaltige erweckliche Aufbrüche schenken. Diese Erweckungsbewegungen prägten für Jahrzehnte das geistliche Leben von Gebieten, Landstrichen und Gemeinden. Sie waren und sind geistliche Dauerbrenner. Sie haben Feuer und einen großen Holzvorrat.

Trennung von Wort und Geist

Es hat eine stillschweigende Scheidung zwischen Wort und Geist in der Gemeinde Jesu stattgefunden. Einseitige, ja extreme Entwicklungen haben dazu beigetragen, die ein ergänzendes und korrigierendes Miteinander unmöglich machten.

Wenn in einer Ehe das Gespräch und das aufeinander Hören der Ehepartner abnimmt und dadurch Missverständnisse und Verdächtigungen zunehmen, und wenn in einer Ehe die gegenseitige Achtung und Akzeptanz, insbesondere als Bruder und Schwester in Christus, aufhören und die Liebe zueinander erkaltet, treibt diese Ehe in die Ehescheidung hinein.

So hat sich die weltweite Gemeinde, der Leib Christi, in »Wort- und Geist-Gemeinden« geteilt. Und wie den Kindern, welche bei Ehescheidungen besonders leiden, wenn sie zwischen den Eltern hin und her gerissen sind, so geht es nicht wenigen Gemeindegliedern. Ein echtes, unvoreingenommenes Prüfen ist darum im Vorfeld der Erweckung angesagt: »Den Geist dämpfet nicht. Prophetische Rede verachtet nicht. Prüfet alles, und das Gute behaltet« (1. Thess. 5,19-21). Es gilt, seelische, dämonische und geistliche Äußerungen sorgfältig zu unterscheiden. Das Unterscheidungsvermögen des natürlichen Menschen mit seinem Denken, Wollen und Fühlen fällt hier aus (1. Kor. 2,14; Röm. 1,21; Eph. 4,18). Ein Christ, sagt der Hebräerbrief, hat durch Gewohnheit geübte Sinne, um Gutes und Böses zu unterscheiden (Hebr. 5,14). Dabei gibt ihm die Schrift Kriterien an die Hand, an denen sich sein geistliches Urteilsvermögen orientieren kann (1. Kor. 12,3; 1. Joh. 4,2; Mt. 7,15-20). Allerdings hat dies Prüfen eine geistliche Voraussetzung: Es hat in Demut und Achtung vor dem anderen zu geschehen (Phil. 2,3; Kol. 3,12), sonst trägt das Prüfen zur weiteren Zementierung der Scheidung bei. Es betrübt den Geist und hält das erweckliche Wirken des Heiligen Geistes fern.

Es hatte Streit und Zerwürfnisse in einer Pionierarbeit unter einem der »unerreichten Stämme« gegeben. Ich war gebeten worden, in dieser Situation zu helfen und zu schlichten. Der Geist Gottes hatte überführend gewirkt. Beide Parteien hatten erkannt, dass sie an dieser Situation Schuld hatten. Sie waren bereit, zum Kreuz von Golgatha zu kommen, um Vergebung zu empfangen und sich auch als Brüder und Schwestern in Christus zu vergeben und neu einander anzunehmen. Da begann plötzlich ein Ehepaar, das einen pfingstlichen Gemeindehintergrund hatte, in Sprachen zu beten. Das war gleichsam ein Weglaufen vor dem Sündenbekenntnis. Ich musste sie beide im Namen Jesu stoppen. Beinahe wäre die Versöhnung im Kern nicht geschehen. Sie ließen sich aber korrigieren. So konnte die Krise im Mitarbeiterteam dieser jungen Missionsarbeit überwunden werden. Später hörte ich, dass über mich geredet wurde: Der Pfarrer Scheunemann ist gegen das Sprachenreden, weil er selbst nicht in Sprachen redet. Ich fühlte mich nun herausgefordert und bat den Herrn inständig, mir doch die Gabe des Sprachenredens zu geben. Nach gut einer Woche begriff ich die falsche Motivation meines Bittens. Ich beugte mich darunter und kam innerlich zur Ruhe. Im Nachhinein sehe ich auch die Weisheit Gottes, mir diese Gnadengabe nicht zu geben. Der Herr vertraute mir einen weltweiten, gemeindeübergreifenden Lehrdienst an. Wenn ich in »Wort«-Gemeinden und Konferenzen alle vier Dienste des Heiligen Geistes im Leben der Gemeinde und der einzelnen Christen, nämlich den evangelistischen, organisch umgestaltenden, charismatischen und pädagogischen Dienst aus der Schrift entfaltet hatte, kam so manches Mal die Frage: »Sprechen Sie in Zungen?« Erst als ich das verneinte, war man bereit, mir weiter zuzuhören und das ganze Zeugnis der Schrift zu akzeptieren. In »Geist«-Gemeinden verkündigte ich immer wieder die zentrale Botschaft vom gekreuzigten und auferstandenen Herrn und ihre Bedeutung für das Glaubensleben und eine disziplinierte Handhabe der Gnadengaben und fand ausnahmslos offene Türen und Herzen.

Gott tut Wunderbares und Gewaltiges, wenn Wort und Geist zusammenkommen. Wenn wir bewusst oder unbewusst dieses Zusammenkommen verhindert haben, gilt es, sich von Gott zurückbringen zu lassen (Klagel. 5,21), zur Einsicht zu kommen (Jer. 31,19), umzudenken und umzukehren, damit die »Zeiten der Erquickung vom Angesicht des Herrn« kommen (Apg. 3,20).

Nun gibt es Verkünder, die das Wort als Gotteswort zwar richtig verkündigen, ihm aber im eigenen Leben die existentielle Verwirklichung verweigern. Die Zuhörer hören wohl richtige Wahrheiten, die aber im Leben des Verkünders noch nicht Fleisch und Blut geworden sind.

Andere wieder relativieren das Wort Gottes zu Menschenwort. Der Geist Gottes wird durch den Geist des Menschen ersetzt.

Aber das Wort ist vollmächtiges Gotteswort, wenn der Verkünder sich selbst unter das Wort im persönlichen Gehorsam stellt und es sein eigenes Leben durchleuchtet und korrigiert.

Das spüren die Zuhörer und sind selbst zu einer persönlichen Antwort herausgefordert. Sie werden getroffen und wachgerüttelt. Dem Verkünder ist ein erweckliches Wort in der Vollmacht des Heiligen Geistes geschenkt. Seine persönliche Erfahrung, die einfließt, steht unter der Leitung und Disziplin des Heiligen Geistes. Ebenso das schlichte, zeugnishafte Wort von Erweckten, die die Wahrheit des Wortes Gottes erfahren haben und so die Fackel der Erweckung weitertragen.

Hunger nach Wort und Geist

Es gibt Zeiten, in denen der Heilige Geist einen besonderen Hunger nach Gottes Wort wirkt. Solche besonderen Segenszeiten können einen Christen erfassen, aber auch eine Gemeinde, ja eine Stadt oder ein Land. Das herausragende Beispiel ist die Reformationszeit in Deutschland. Diese Zeiten des Hungers nach Gottes Wort wirkt der Heilige Geist, bis in unsere Tage hinein. In ihnen kommen in besonderer Weise Wort und Geist zusammen. Luther sprach vom »fahrenden Platzregen Gottes«. Ein Beispiel dafür ist die Abendbibelschulbewegung in Indonesien in den Jahren 1980-1995.

Der Verkehrsstrom wälzt sich aus der Innenstadt von Jakarta in die Vororte und Satellitenstädte. Die Büros haben geschlossen und jeder sucht nach Hause zu kommen, nur nicht die Studenten der Abendbibelschule. Sie schwimmen gegen diesen Strom, und zwar an drei Abenden in der Woche und 16 Wochen im Semester. Viele erreichen das Ziel (vier oder sechs Semester) nach zwei oder drei Jahren. Ihre Motivation, Ausdauer und Hingabe versetzt einen in Staunen. Es ist ein Werk des Heiligen Geistes, welcher diesen Hunger nach Gottes Wort mitten in der Hektik und den Anforderungen des Großstadtlebens wirkt.

Als das Bibelinstitut in Batu 1980 dringend gebeten wurde, ein Programm systematischer und praktischer Ausbildung für engagierte Christen in Jakarta zu eröffnen, dachte man an 50, die sich einschreiben würden, und die Frage war, wie lange diese ein solches Programm durchhalten würden. Aber wir wurden überrascht. 317 Männer und Frauen im Alter zwischen 20 und 60 Jahren schreiben sich ein, wiedergeborene, geistlich hungrige und motivierte Christen. Und nach zwei Jahren graduierten 188! Dies war aber nur der Anfang einer Bewegung, die sich in den nächsten Jahren in andere Städte Indonesiens ausbreiten sollte. Bald hatte das Bibelinstitut in Batu allein (neben vielen anderen Initiativen) sechs Abendbibelschulen in sechs Großstädten mit einer Studentenzahl von 550

Männern und Frauen, während die Zahl der Absolventen die Tausend überschritt. Ein relevantes Kurrikulum entwickelte sich in Zusammenarbeit mit den Männern und Frauen, die allabendlich ihre Zeit opferten, und wurde zu einer besonderen Herausforderung der Lehrer, welche sie unterrichteten. Ein Überblick nach sieben Jahren in der Abendbibelschule Jakarta zeigte, dass die eingeschriebenen Männer und Frauen aus folgenden Berufen kamen: 20 % waren Hausfrauen, 15 % Geschäftsleute, 14 % Angestellte, 12 % Ärzte und Rechtsanwälte, 10 % mittlere und hohe Regierungsbeamte, 10 % Lehrer, 8 % Bankangestellte, 4 % Offiziere, 4 % Soldaten. Ein erstaunlicher Hunger nach Gottes Wort und Zurüstung zum Dienst bei berufstätigen Christen der Mittelklasse! Ein Werk des Heiligen Geistes und Frucht der Erweckung in den großen Städten, insbesondere Jakarta, wo inzwischen Hunderte von Bibel- und Gebetsgruppen entstanden waren, die sich am Freitagmittag, wenn die Arbeit ruhte und die Muslime in die Moscheen gingen, an ihren Arbeitsstätten zusammenfanden. Übrigens, so mancher Arbeitskollege folgte der Einladung in diese Bibel- und Gebetsgruppen am Arbeitsplatz und konnte als Muslim unauffällig das Evangelium hören und die Kraft der Fürbitte von Christen erfahren. So sind viele zum lebendigen Glauben an Christus gekommen.

Die Abendbibelschulen hatten sehr bald landesweite Auswirkungen. Ein Überblick über die Absolventen der Abendbibelschule Jakarta in einem Zeitraum von sieben Jahren zeigt: 20 % sind aktiv in der Evangelisation tätig, 17 % gebrauchen ihren Arbeitsplatz und ihre Stellung im Beruf, um für Christus zu zeugen, besonders durch die Bibel- und Gebetsgruppen am Arbeitsplatz, 10 % sind als Älteste in pastoralen Aufgaben tätig, 10 % leiten Gebetsgruppen in ihren Wohnungen, 7 % sind in der Jugendarbeit engagiert, 7 % unterrichten das Fach Religion an Regierungsschulen, die mehr als 10 Schüler aus christlichen Familien haben, 5 % tun speziell Frauenarbeit, 4 % stehen in sozialer Arbeit. Über die fehlenden 12 % war keine Information erhältlich. In der Abendbibelschule Jakarta waren über 70 verschiedene Gemeinden vertreten, die durch ihre Absolventen starke erweckliche Impulse erhielten. Nicht wenige der Absolventen haben immer wieder gemeinsame evangelistische

Teameinsätze durchgeführt. Für weite Reisen haben sie ihren Urlaub geplant, so zum Beispiel haben Teams in Irian Jaya (5000 km von Jakarta entfernt), im Inneren von Kalimantan, in Malaysia, ja verschiedene Male sogar in Pakistan missionarisch gearbeitet. Ich persönlich empfand es als eine große geistliche Bereicherung und Herausforderung, mit diesen engagierten Laien als Lehrer zusammen im Einsatz zu sein. Der Geist Gottes wirkte einen Hunger nach dem Evangelium im Land, und er fand auch viele Christen, die hungrig waren, sich für die Verkündigung des Wortes Gottes zurüsten zu lassen.

VII. Gottes Herz schlägt für Erweckung

In diesem abschließenden Kapitel fassen wir zusammen, was wir im Alten und Neuen Testament und in der Geschichte der Kirche über Erweckung erfahren haben - nämlich dass Gott in seiner Liebe den Menschen sucht und ihn heimbringen möchte ins Vaterhaus.

Schlussendlich geht es um das Geheimnis, die Zeiten Gottes zu verstehen.

Was meint die Heilige Schrift, wenn sie von Erweckung spricht?

Obwohl das Substantiv »Erweckung« weder im Alten noch im Neuen Testament vorkommt, wird die Sache als solche noch stärker durch die Verben »erwecken«, »aufrütteln«, »aufwecken«, »wieder entflammen« und »wachen« zum Ausdruck gebracht. Im Alten Testament werden die hebräischen Worte *»khum«* bzw. *»hakim«* in der Bedeutung »erwecken« gebraucht, und zwar immer, wenn es um ein Tun Gottes geht: Gott erweckt einen Richter (Ri. 2,18), einen Retter (Ri. 3,9.15), einen treuen Priester (1. Sam. 2,35), einen Hirten (Hes. 34,23).

Gott erweckt Völker, er greift in die Geschichte ein (Jes. 13,17; Jer. 50,9), er erweckt sich Kyros als sein Werkzeug (Jes. 45,13). Gott erweckt und lässt Unglück und Gericht (1. Sam. 3,12; 2. Sam. 12,11; Jer. 25,32) mit dem Ziel kommen, dass die Menschen aufwachen und sich zu ihm wenden (Jes. 51,17; Joel 1,5-7).

Im Neuen Testament gebraucht Paulus das Wort *diegeiro* - durch und durch wachrütteln - und zwar in Bezug auf das geistliche Erinnerungsvermögen (2. Petr. 1,13; 3,1), während Paulus das Wort *anazopyro* = wieder entflammen, neu anfachen - in Bezug auf die Gnadengabe des Timotheus gebraucht (2. Tim. 1,6).

Das Wort *gregoreo*, wachen, aufwachen, macht einmal den

Gegensatz zum Zustand des Schlafens deutlich, zum anderen beschreibt es ein wartendes Ausschauen und ein Auf-der-Hut, Auf-der-Wacht-Sein. Damit wird zuerst die Grundhaltung des Christen im Blick auf die Wiederkunft Jesu Christi beschrieben (Mk. 13,37). »gregoreite«, der Befehl: »Wacht!« begegnet uns im Gleichnis von den 10 Jungfrauen (Mt. 25,1-13).

Zum Zweiten geht es um die Grundhaltung des Christen im Glauben: Wachet, steht fest im Glauben (1. Kor. 16,13).

Zum Dritten bestimmt das Wachen die Haltung der Christen gegenüber den teuflischen Versuchungen: »Wachet, denn der Teufel geht umher wie ein brüllender Löwe« (1. Petr. 5,8).

Nun können nicht nur einzelne Christen, sondern ganze Gemeinden geistlich schlafen, ja tot sein. Der Herr sagt der Gemeinde in Sardes: ». . . du hast den Namen, dass du lebst, der du doch in Wirklichkeit tot bist; werde wach!« (Offb. 3,1-2). Der Ruf zur Buße und Sinnesänderung in Offenbarung 3,3 und Epheser 5,12-14 als ein Weckruf des Wachens und des Aufstehens vom Schlaf soll von verheimlichter und verdeckter Sünde lösen helfen. »Das von ihnen heimlich getan wird . . ., das alles wird offenbar, wenn's vom Licht aufgedeckt wird. Darum heißt es: ›Wach auf, der du schläfst, und steh' auf von den Toten, so wird dich Christus erleuchten!‹«

Und zuletzt hat »erwecken« und »aufwachen« eine einzigartige eschatologische Bedeutung: Israel, seit fast zwei Jahrtausenden ein geistliches Totenfeld, wird am Ende des Zeitalters der Gemeinde durch Gottes Odem erweckt und lebendig (Hes. 37,1-14).

Erweckung im Alten und Neuen Testament

Erweckung ist das Herzensanliegen Gottes, wenn sein Volk sich fremden Göttern zuwendet, wenn es ohne geistliche Führerschaft in die Irre geht und als Folge der Sünde geknechtet und unterdrückt wird. Er schreitet deshalb ein. Er erweckt geistliche Führer, Retter, Priester und Hirten. So bezeugt es das Alte Testament (Ri. 2,18; 3,9+15; 1. Sam. 2,35; Hes. 34,23).

Erweckung ist das Herzensanliegen Gottes auch im Neuen Testament;

- wenn seine Gemeinde den Namen hat, dass sie lebt, aber in Wirklichkeit geistlich schläft, ja tot ist (Offb. 3,1-3);
- wenn seine Gemeinde das Bewusstsein für die Gegenwart des dreieinigen Gottes verloren hat und nicht mehr im Glauben steht (1. Kor. 16,13);
- wenn seine Gemeinde den dämonischen Versuchungen nachgegeben hat (1. Petr. 5,8);
- und wenn seine Gemeinde der Selbstverwirklichung des Hier und Jetzt erlegen ist und die eschatologische Schau der Wiederkunft Jesu verloren hat (Mk. 13,37).

Als Antwort schickt er dann sein aufrüttelndes Wort durch seine Boten (Paulus, Johannes, Petrus), das durch den Geist Gottes von Sünde überführt und das Verborgene aufdeckt.

Erweckungen lässt Gott oft durch sein Eingreifen in die Geschichte der Völker, durch Naturkatastrophen und Gerichte vorbereiten. So ist z.B. die indonesische Erweckung auf dem Hintergrund der 1965 fehlgeschlagenen kommunistischen Machtergreifung und Revolution zu verstehen. Dem Zusammenbruch der Sowjetunion folgten drei Jahre geistlicher Hunger und erweckliche Aufbrüche.

Ziel der Erweckung ist eine lebendige, anbetende, zeugnisfähige, heilige und den Herrn erwartende Gemeinde und ein gottesfürchtiges, bußfertiges und schließlich christusgläubiges Israel.

Erweckungsbewegungen in den vergangenen Jahrhunderten

Gott ist der Urheber jeder biblischen Erweckung, Gott der Vater, Gott der Sohn und Gott der Heilige Geist. Die menschliche Antwort auf das Wirken des dreieinigen Gottes ist sehr unterschiedlich gewesen. Es gibt Erweckungsbewegungen, die vordringlich die Heiligkeit Gottes und die Notwendigkeit eines geheiligten Lebens und einer geheiligten Gemeinde in den Vordergrund gestellt haben, so die Heiligungsbewegung des ausgehenden 19. Jahrhunderts mit ihren Auswirkungen und Ausprägungen im 20. Jahrhundert.

Andere erweckliche Aufbrüche haben die Größe, Herrlichkeit und die Wundertaten Gottes besungen und die Anbetung des lebendigen Gottes in den Versammlungen und Gottesdiensten neu belebt, so die Erweckung in Wales und die charismatische Bewegung.

Die zentrale Bedeutung von Tod und Auferstehung Jesu war das besondere Anliegen verschiedener Erweckungsbewegungen, die den Akzent einmal auf die Erlösung von der Sünde durch das Blut Jesu, zum anderen auf den Sieg über die Sünde durch die Auferstehung Jesu gelegt haben. Dabei waren ihnen die persönliche Heilserfahrung und die Verwirklichung der Gemeinschaft der Kinder Gottes besonders wichtig. Wir reden hier von den verschiedenen Ausprägungen des Pietismus und des Methodismus, den Erweckungsbewegungen in Amerika im 18. und 19. Jahrhundert, den evangelikalen Evangelisationsbewegungen des 20. Jahrhunderts und der Ostafrikanischen Erweckungsbewegung. Diese betonen besonders das evangelistische Wirken des Heiligen Geistes.

Die pfingstlichen Erweckungen stellen die Gaben des Heiligen Geistes, leider oft nur bestimmte Gaben und Geisteserfahrungen, in den Mittelpunkt des Christenlebens und des Gemeindelebens. Alle Erweckungsbewegungen sind weltweit in der Mission tätig geworden und haben sie entscheidend geprägt.[17]

Starke Impulse sind ebenso in die soziale und diakonische Arbeit eingegangen.[18] Das Anliegen der Evangelisation haben alle mit Hingabe vorangetragen.

[17] Der deutsche Pietismus gab Anstoß zur Gründung folgender Missionen: Die Hallische Mission, die Mission der Herrnhuter Brüdergemeine, die Basler Mission, die Berliner Mission, die Rheinische Mission, die Neuendettelsauer Mission, die Leipziger Mission, die Hermannsburger Mission, die Breklumer Mission, um nur die größeren zu nennen. Die angelsächsischen Erweckungen wirkten sich in der Gründung der Baptist Missionary Society, Church Mission Society, der China Inland Mission, des WEC, Sudan Interior Mission, der Christian Missionary Alliance, der TEAM Mission, der Wiedenester Mission und vieler anderer aus.

[18] Die Waisenhausarbeit von August Hermann Francke in Halle und Georg Müller

Bei diesem natürlich nur holzschnittartigen Überblick über die Antwort der Gemeinde auf Gottes dreieiniges, erweckliches Wirken wird deutlich, dass man behutsam sein muss bei dem Versuch, die bestimmten Richtungen zuzuordnen. Man kann nicht feststellen, dass es Erweckungsbewegungen gibt, welche eine Antwort der Gemeinde auf Gott den Vater, andere auf Gott den Sohn und wieder andere auf Gott den Heiligen Geist darstellen. Vielmehr ist immer die Fülle der Gottheit in Gott dem Vater, Gott dem Sohn und Gott dem Heiligen Geist präsent (Kol. 2,9). In Ihm (in Christus) wohnt die ganze Fülle der Gottheit leibhaftig (vgl. Joh. 1,14). »Durch den Glauben wohnt Christus in euren Herzen« (Eph. 3,17); das heißt die ganze Fülle der Gottheit. Und nun sagt Paulus in 2. Korinther 3,17: »Der Herr ist der Geist«, und erklärt in 1. Korinther 6,19, dass unser Leib ein Tempel des Heiligen Geistes ist. Die gewaltige Aussage dieser Verse ist, dass in uns armen, zerbrechlichen und oft sündigen Gefäßen die Fülle der Gottheit wohnen will, aber nicht nur »in euch«, sondern auch »unter euch« in der Gemeinde (Kol. 1,27).

Der dreieinige Gott schenkt Erweckungen und will durch sie die ganze Fülle Gottes dem einzelnen Gläubigen und der glaubenden Gemeinde wieder bewusst machen.

Herausforderungen der Erweckung an die Gemeinden

Nun kennen wir aber den bedauernswerten Zustand, dass Christen und christliche Gemeinden sich nur einem Teil der Fülle Gottes öffnen. Das hat folgende Gründe:

Zum einen fehlt die rückhaltlose Übergabe des Lebens an den Herrn. Bestimmte Teilbereiche unseres Lebens entziehen wir bewusst dem Licht und der Herrschaft des Heiligen Geistes. Dadurch wird der Geist Gottes gehindert, unser geistliches Leben stagniert

in Bristol, Zinzendorf und die Gütergemeinschaft in Herrnhut, Newton und Wilberforce und die Abschaffung des Sklavenhandels, J. Hinrich Wichern und die Innere Mission, William Booth und die Heilsarmee, die Diakonissenmutterhäuser in Deutschland.

und ist rückläufig. Erkannte und unerkannte Sünden bauen Mauern auf.

Zum anderen erwarten wir, dass Gott, wenn er Erweckung schenkt, in den Linien unserer geistlichen Traditionen wirkt. Diese möchten wir erweckt haben, weil wir glauben, dass sich in unserer geistlichen Tradition schon das ganze biblische geistliche Leben manifestiert. Diese Meinung basiert oft auf Unwissenheit, aber leider auch auf geistlichem Hochmut. Gott möchte uns wachrütteln, dass wir erkennen, dass unsere geistlichen Traditionen zu neuem Leben erweckt werden müssen und Erweiterung und Ergänzung durch das erweckliche Wirken des dreieinigen Gottes sehr nötig haben.

Offenheit für Erweckung hat immer mit ehrlicher geistlicher Bestandsaufnahme und dem tiefen Verlangen nach Erneuerung zu tun. Dabei wollen wir Gott keine Vorschriften machen und Grenzen ziehen.

Das könnte für eine Gemeinde, die um Erweckung betet, bedeuten, dass Gott sie ganz neu auf das Fundament des Kreuzes von Golgatha gründet, ein tiefes Sündenbewusstsein wirkt und seine Heiligkeit erstrahlen lässt.

Und weiter könnte es für eine andere Gemeinde, die um Erweckung betet, bedeuten, dass Gott ganz neu die Wiedergeburt durch den Heiligen Geist, die Anbetung im Geist und in der Wahrheit und die Bevollmächtigung im Dienst durch die Gaben des Geistes in der Gemeinde Wirklichkeit werden lässt.

Es könnte für eine Gemeinschaft, die um Erweckung betet, bedeuten, dass Gott ihr in einem erwecklichen Aufbruch klar macht, dass nicht die Form, sondern das geistliche Leben selbst die Hauptsache ist, dass nicht nur die richtige Schriftauslegung, sondern ihre existentielle Verwirklichung von großer Bedeutung ist, und dass die Gaben des Geistes schon in der Gemeinde vorhanden sind, diese aber »schlafen« oder nicht als solche erkannt werden.

Schlussendlich könnte es für eine Gemeinde bedeuten, wenn Gott ihr Erweckung schenkt, dass treue biblische Verkündigung plötzlich das Feuer und die Kraft des Heiligen Geistes erfährt und das Miteinander in der Gemeinde durch Bereitschaft zum Wandel im Licht und durch Vergebung sich ändert und das Reden hinter dem Rücken, Neid und geistliche Selbstverwirklichung aufhören.

Herausforderungen der Erweckung an den einzelnen Christen

Aber nicht nur auf der Ebene der Gemeinde brauchen wir Erweckung, um unsere geistlichen Defizite zu erkennen und die Stärken unserer geistlichen Prägung auf die geistliche Wirklichkeit im Hier und Heute abklopfen zu lassen, sondern genauso auch auf der Ebene unseres persönlichen geistlichen Lebens. Sind wir darum bereit, uns dienen zu lassen, uns vom Heiligen Geist durchleuchten zu lassen, ja uns von Gott demütigen und zerbrechen zu lassen? Denn »der Herr ist nahe denen, die zerbrochenen Herzens sind, und hilft denen, die ein zerschlagenes Gemüt haben« (Ps. 34,19). Wasser fließt immer bergab.

Es könnte sein, dass uns die Ströme des lebendigen Wassers, die Jesus als Bild für das Wirken des Heiligen Geistes gebraucht, nicht erreichen, weil wir auf der Höhe unserer vergangenen geistlichen Traditionen und Erfahrungen sitzen bleiben.

Es könnte sein, dass wir nicht zu einer ehrlichen geistlichen Bestandsaufnahme bereit sind. Menschen kommen mit geistlichen Erwartungen zu uns. Wir können ihnen nur vordergründig helfen. Wir bringen gleichsam nur noch geistliche Ladenhüter an den Mann. Und trotzdem machen wir weiter. Darum ist es gerade unsere geistliche Geschäftigkeit, die uns den Weg zu einer inneren Einkehr verbaut.

Erweckung geschieht auf den Knien und nicht auf der Hundertmeterbahn!

Die Gemeinden brauchen einander und bezeugen damit die Einheit der einen, großen, weltweiten Gemeinde Jesu, genauso wie die einzelnen Christen als Glieder einer Ortsgemeinde einander brauchen und einander dienen sollen. Die persönliche Beziehung zu Christus, dem Haupt, ist das Entscheidende. Ist sie vorhanden, kann Gott über sie wie über eine Brücke zur Erweckung führen. Der eine Leib Christi kennt keine denominationellen Grenzen. Weil wir aber oft selbst unsere Abgrenzungen vollziehen, laufen wir Gefahr, von den weltweiten geistlichen Aufbrüchen vor der Wiederkunft Jesu nicht erreicht zu werden. So hatten die Pfingstgemeinden in der Provinzstadt Kupang lange Zeit keine Ahnung, dass Gott auf der Insel Timor Erweckung geschenkt hatte, denn sie glaubten offensichtlich, dass der Heilige Geist in reformierten Gemeinden nicht wirken könne.

Das Heimsuchen Gottes

Gott liebt den Menschen. Darum sucht er ihn heim und ruft ihn zurück.

Gott liebt den Sünder, aber hasst die Sünde. Darum sucht er den Menschen heim in Gnade und Gericht.

Gott wurde Mensch und »zeltete« unter uns. Im stellvertretenden Sterben nahm Jesus das Gericht über die Sünde auf sich und begnadigte den Sünder.

Erweckungen sind Zeiten des Heimsuchens Gottes. Gott kommt und ruft:

- »Adam, wo bist du? Warum versteckst du dich?«
- »Christ ohne Liebe, wo bist du? Hast du die Form, aber nicht den Inhalt?«
- »Christ ohne Ordnungen und Verantwortungen vor Gott und Menschen, wo bist du? Hast du dich deiner Umwelt total angepasst?«
- »Christ der Kompromisse, wo bist du? Lebst du in Sünde, weil alle Welt in Sünde lebt?«
- »Christ in deinem Egoismus, wo bist du? Denkst du nur an dich selbst aus Angst, es reiche nicht für die langen späten Jahre?«

Erweckungszeiten sind nicht nur Zeiten der Heimsuchung Gottes für den einzelnen Christen, sondern auch für die christliche Gemeinde:

- »Gemeinde, wo bist du?
- Hat in dir ein Ausverkauf des Evangeliums stattgefunden?
- Bist du in Gruppen und Parteien gespalten?
- Hast du den Namen, dass du lebst, bist aber in Wirklichkeit geistlich tot?
- Bist du so mit dir selbst beschäftigt, dass du keinen Blick für die Menschen um dich herum hast?
- Spürst du keine Verantwortung für die vom Evangelium unerreichten Völker und Menschen in der Welt?
- Duldest du Sünde in deiner nächsten Umgebung?«

Erweckungen sind auch Zeiten der Heimsuchung Gottes für Nichtchristen und Ungläubige, für ganze Landstriche und Volksgruppen, zusammengehörige Gruppen und Familien.

Gottes heiliges Heimsuchen

Gottes Heimsuchen offenbart sein Wesen. *Seine Heiligkeit* wird im Feuer offenbar. Gott rief Mose aus dem brennenden Dornbusch: »Zieh deine Schuhe von deinen Füßen, denn der Ort, darauf du stehst, ist heiliges Land!« (2. Mose 3,5). Bei der Gesetzgebung rauchte der Berg Sinai, »weil der Herr auf den Berg herabfuhr im Feuer« (2. Mose 19,18, vgl. 5. Mose 4,12). Das erste Opfer in der Stiftshütte verzehrte der Herr durch Feuer, das von ihm ausging (3. Mose 9,24). Die Ausgießung des Heiligen Geistes auf die erste Gemeinde in Jerusalem war von Feuer begleitet: »Es erschienen ihnen Zungen, zerteilt wie von Feuer, und sie setzten sich auf einen jeden von ihnen« (Apg. 2,3; Mt. 3,11). Deshalb sagt der Schreiber des Hebräerbriefes: »Unser Gott ist ein verzehrendes Feuer« (Hebr. 12,29) - kein Feuerwerk oder psychologische Beeinflussung, sondern »verzehrendes«, durchdringendes, die Heiligkeit Gottes darstellendes Feuer. So haben wir auch die Aufgabe des Heiligen Geistes zu verstehen, »der Welt die Augen aufzutun über die Sünde und über die Gerechtigkeit und über das Gericht; über die Sünde: weil sie nicht an mich glauben; über die Gerechtigkeit: dass ich zum Vater gehe und ihr mich hinfort nicht seht; über das

Gericht: dass der Fürst dieser Welt gerichtet ist« (Joh. 16,8-11). Gottes heiliges Heimsuchen in der Erweckung bringt durch das Feuer des Heiligen Geistes unerkannte Sünden ans Licht, denn Gott ist Licht (1. Joh. 1,5-10; Ps. 90,8). Den meisten von uns wird es wie Jesaja ergehen, der, konfrontiert mit Gottes Heiligkeit und Licht, rief: »Weh mir, ich vergehe! Denn ich bin unreiner Lippen und wohne unter einem Volk von unreinen Lippen« (Jes. 6,5).

Gottes gnädiges Heimsuchen

Aber Gottes Heimsuchen offenbart auch eine andere Seite seines Wesens, *seine Barmherzigkeit*, die unvergleichlich im Opfer seines Sohnes am Kreuz deutlich wird. »Ihm, der uns liebt und uns erlöst hat von unseren Sünden mit seinem Blut, sei Ehre und Gewalt von Ewigkeit zu Ewigkeit« (Offb. 1,5-6). Erweckungszeiten haben Tausende die Tiefen der Erlösung, Befreiung und Erneuerung erleben lassen, wenn sie sich vom Heiligen Geist aus der Sündenerkenntnis (Joh. 16,8) zur Erkenntnis Jesu als Heiland und Erlöser führen ließen (Joh. 16,14). Sie stimmten in den Lobgesang der Maria über die erfahrene Barmherzigkeit Gottes ein (Lk. 1,50+54). Sie freuten sich über die Rechtfertigung aus Gnaden ohne Verdienst (Röm. 3,24) und waren sich bewusst, dass darin die Liebe besteht: ». . . nicht dass wir Gott geliebt haben, sondern dass er uns geliebt hat« (1. Joh. 4,10). Leider geschieht es aber in verflachenden Erweckungszeiten, dass die Gnade Gottes zur billigen Gnade im Leben der einst von Gottes Heiligkeit erschütterten Christen wird.

Menschliche Reaktionen: Körperliche und geistliche Reaktionen

Gottes Heimsuchen in der Erweckung erfasst *den ganzen Menschen, seinen Geist, seine Seele und seinen Leib*. Die Bibel kennt zittern, aufs Angesicht fallen, weinen, Furcht, Scheu und Freude in der Gegenwart Gottes. Das sind menschliche Reaktionen auf Gottes Heimsuchen.

Der König Belsazar erzitterte, als er Gottes Finger auf die getünchte Wand schreiben sah (Dan. 5,5-6). Israel wird sich mit Zittern in der letzten Zeit bekehren (Hos. 3,5). Der Kerkermeister von Philippi fiel zitternd Paulus und Silas zu Füßen (Apg. 16,29). Selbst die Dämonen zittern vor Gott (Jak. 2,19), Hesekiel, Petrus, Paulus und Johannes fielen angesichts der Herrlichkeit und Heiligkeit Gottes auf ihr Angesicht (Hes. 1,28; Lk. 5,8; Apg. 9,4; Offb. 1,17). Die Schrift kennt Tränen der Einkehr und Umkehr zu Gott (Jer. 31,9; 50,4; Mt. 26,75; Jak. 4,9-10; 5,1). Nach Hebr. 12,28 widersprechen sich Dankbarkeit und Furcht im Dienst Gottes nicht. Denn die Gegenwart und Heimsuchung Gottes wirkt auch tiefe Freude und Fröhlichkeit, ja eine Freude im Geist (Hab. 3,18; Ps. 16,11; Apg. 13,52; 1. Petr. 1,8; Gal. 5,22; Röm. 14,17; Lk. 10,21). Der »Heimsuchung« folgt die Heimfindung.

Alle Schriftstellen, welche über die körperlichen, seelischen und geistlichen Reaktionen der heiligen Heimsuchung Gottes berichten, bringen zum Ausdruck, dass Gott, der so gewirkt hat, auch heute noch so wirken kann, aber nicht so wirken muss. Die Feststellung ist insofern wichtig, als in Erweckungsbewegungen immer wieder Tendenzen auftauchen, die äußere Manifestationen in den Vordergrund stellen und diese pflegen, obwohl die auslösende Gegenwart Gottes sich nicht an diesen Manifestationen festmachen lässt. Gott kam zu Elia nicht im starken Wind, obwohl er so kommen kann. Gott kam zu Elia nicht im Erdbeben oder Feuer, obwohl er so kommen kann. Gott kam zu ihm im stillen, sanften Sausen, weil das der Weg zu Elias niedergeschlagener Seele war (1. Kön. 19,11-13).

Das Wirken Gottes in Erweckungen kann starke Erschütterungen hervorrufen, kann aber auch im »stillen, sanften Sausen« geschehen. Zudem sind die Menschen so verschieden und von unterschiedlichen Faktoren wie Mentalität, Temperament, Erziehung und kulturellem Umfeld geprägt. Sie reagieren unterschiedlich auf die Heimsuchung Gottes durch den Heiligen Geist in der Erweckung, worauf es zuerst ankommt. Erweckte Christen und erweckte Gemeinden sollen in ihren äußeren Formen und Reaktionen auf das Wirken Gottes etwas von der Herrlichkeit Gottes widerspiegeln. »Die Herrlichkeit des Herrn erfüllte das Haus des Herrn« (1. Kön. 8,11).

Im Neuen Testament ist der einzelne Christ und die christliche Gemeinde ein Tempel des Heiligen Geistes, der ein Geist der Herrlichkeit ist, sie erfüllt und auf ihnen ruht (1. Kor. 6,19; 1. Petr. 4,14). Oft aber ist diese Herrlichkeit durch Sünde verdeckt; und wenn Gott dann in sein Haus kommt und es reinigt, geschehen außergewöhnliche Dinge: Christen, die in offener oder verheimlichter Sünde leben, erzittern, fallen zu Boden, weinen in unnatürlicher Weise, schreien im Gebet zu Gott oder können ihren Körper nicht beherrschen.

Erweckung und ihre Manifestationen in Zaire/Kongo

Der Beginn der Erweckung in Zaire war von ungewöhnlichen Vorgängen begleitet. In Lubutu, einem Missions- und Gemeindezentrum, hatten sich über 70 einheimische Evangelisten, Pastoren und ausländische Missionare mit ihren Frauen zu einer Mitarbeiterkonferenz versammelt. Am Abend hatten die afrikanischen Mitarbeiter eine Gebetsversammlung. Plötzlich hörten wir Missionare einige seltsame Schreie aus der Gebetsversammlung kommen. Als wir nachschauten, bot sich ein ungewohntes Bild: überall zitternde Leute. Einige waren so erschüttert, dass sie sich nicht kontrollieren konnten. Nach einer Zeit versuchten wir, die Versammlung zu schließen. Sie ging aber noch stundenlang weiter. Viele standen jetzt ruhig und beteten mit erhobenen Händen ihren Herrn und Heiland an. Andere brachten verborgene Sünden ans Licht und bekannten sie einer unsichtbaren Person. Wieder andere hatten Zweifel, und während sie noch verwirrt waren, fiel der Heilige Geist auf sie. Sie sagten, dass die Freude in ihrem Herzen wie Feuer brenne. Nicht alle hatten diese überwältigenden Erfahrungen, aber alle erlebten die Freude des Herrn; in ihren eigenen Worten: Der Heilige Geist kam wie der Tau, keiner wurde ausgelassen. Diesmal gingen sie nicht in ihre Gemeinde mit neuen Vorsätzen, sondern mit neuer Vollmacht zurück.

Der Fortgang dieser Erweckung ist in dem leider vergriffenen

Buch »This is That«[19] beschrieben. Die Grundzüge dieser Erweckung – und wohl der Erweckung überhaupt – lassen sich wie folgt beschreiben: Eine große Liebe zum Wort Gottes, ein Hass gegenüber der Sünde, besonders gegen die Lüge, in Ordnung bringen von Verfehlungen (viele gestohlene Sachen wurden zurückgebracht und Vergebung wurde praktiziert), öffentliches Bekennen, was Jesus getan hat, Preis und Dank auf Jesus ausgerichtet und spontanes Zeugnisgeben, verbunden mit großem Verantwortungsbewusstsein gegenüber Verlorenen.

Ein Missionar, der viele Jahre im Kongo gearbeitet hat, schreibt über die Erweckung: »Jahrelang hatten wir gebetet, dass der Herr über uns seinen Geist ausgießt und Erweckung schenkt. Jetzt freuen wir uns über Gottes Antwort. Wir brauchen nicht die Manifestationen zu fürchten. Sie sind außergewöhnlich. Aber außergewöhnliche Dinge haben Erweckungen immer wieder begleitet. Wenn wir den Heiligen Geist nicht hindern, wird er sein eigenes Wirken wohl im Griff haben. Wenn Satan sich in die Erweckung einschleicht, gibt der Heilige Geist uns die Fähigkeit, ihn zu entlarven. Obwohl wir solche Manifestationen wie Zittern, Weinen, Aufs-Angesicht-Fallen früher nicht erlebt hatten, war uns doch bewusst, dass dies ein Werk des Heiligen Geistes war. Dauernd wurde Jesus gerühmt und die Vergebung der Sünden durch sein Blut. Was wäre gewesen, wenn wir dies Geschehen nicht als ein Werk des Heiligen Geistes erkannt hätten! Ich zittere bei dem Gedanken, dass wir uns gegen das Wirken des Heiligen Geistes gestemmt hätten. Da lag zum Beispiel eine Frau auf ihren Knien und schüttete in Tränen ihr Herz vor Gott aus. Hier bekannte ein Mann seine Sünden offen vor Gott. Dort hatte eine andere Frau eine Vision. Sie sah eine Liste von Sünden auf ein Stück Papier geschrieben. ›Ja. Herr, ich breche mit diesen Sünden.‹ Sie nannte eine Sünde nach der anderen. Dann kam sie zur letzten, der Lust des Fleisches. In ihr tobte ein Kampf. Sie wusste, dass sie ein schreckliches Bekenntnis ablegen musste. Was würde ihr Mann dazu sagen und die Missionare? Jesus gewann den Kampf. Das Bekenntnis kam über ihre Lippen und die ganze Liste

[19] C.L.C. und W.E.C., London 1954

wurde weggenommen durch das Blut Jesu. Was für eine Buße! Was für ein Sieg! Was für Freudentränen! Ihr Mann hatte eine neue Ehefrau. Er vergab ihr, und auch sein Herz sprang vor Freude.«[20]

Erweckung und ihre Manifestationen auf Timor/Indonesien

Ähnliche Feststellungen wurden auch vom Durchbruch der Erweckung in Soe, Timor, berichtet.

Joktoan O. Taopan gibt 1995 folgendes Zeugnis: »Am 26. September 1965 geschah eine Ausgießung des Heiligen Geistes in der Stadt Soe. Die Schüler und Schülerinnen der Oberschule und des Lehrerseminars wurden plötzlich mit dem Heiligen Geist erfüllt, und zwar um 9.00 Uhr morgens. Wir wussten nicht, was geschah. Es war, als ob ein Sturmwind über uns käme. Einige waren bewusstlos, andere zitterten. Eine Verwirrung breitete sich aus. Doch dann ertönten Loblieder aus dem Munde aller Schüler, Glaubenszeugnisse wurden gegeben, einige begannen zu predigen und andere prophezeiten, dass der Herr sie als Evangelisten in die Welt senden werde. Ich war unter ihnen und wurde durch den Geist Gottes berührt und verändert. Davor war mein Leben weit von Gott entfernt, jetzt liebte ich Jesus sehr. Früher hatte ich nicht gebetet, jetzt begann ich, im Gebet treu zu sein. Früher hatte ich keine Lust, die Bibel zu lesen, jetzt ist die Bibel mein liebstes Buch. Früher konnte und wollte ich nicht den Herrn Jesus bezeugen, heute tue ich das mit großer Freude. Für zwei Monate war kein geregelter Unterricht möglich (das bezeugte auch der Schulleiter der Oberschule). Jeden Tag fanden Gottesdienste statt, spontan wurden Zeugnisse gegeben. Schüler und Schülerinnen fanden sich zu Gebetsgruppen zusammen. Fröhliches Singen erfüllte den Campus. Der Geist Gottes überführte uns Schüler und Schülerinnen immer weiter von Sünde. Alles wurde aufgedeckt. Ich musste mich meiner Sünde stellen und sie bekennen. Dann wurde für mich gebetet und

20 This is That, S. 7-8

ich erlebte Befreiung, besonders von okkulten Bindungen und von all dem, was in Galater 5,19-21 geschrieben steht. Ich ging auch zu meinen Feinden und bat sie um Vergebung.«

Verborgene Sünden kommen ans Licht

Der Schulleiter der Oberschule in Soe berichtete mir während eines Gesprächs in Soe im Juli 1995, dass 1993 wieder ein außergewöhnliches Wirken des Heiligen Geistes während der Schulzeit in der vorletzten Klasse der Schule geschah. Die Lehrer konnten den Unterricht nicht fortsetzen. Die Schüler und Schülerinnen standen unter der heiligen Sündenüberführung Gottes. Besonders ihr freies Sexualleben, Auflehnung und Rebellion gegen die Eltern und Trunkenheit wurden durch das Licht des Heiligen Geistes aufgedeckt. Viele weinten bitterlich und bekannten ihre Sünden und beteten um Vergebung. Sie erlebten die heilige Gegenwart Gottes, wie ihre Eltern vor 30 Jahren. Der Schulleiter, selbst vor 30 Jahren Mitglied des ersten Evangeliumsteams, brauchte Hilfe, um all den Schülern persönlich zu dienen, und rief Pastor Manuain. Bis 4 Uhr nachmittags dauerte der persönliche, seelsorgerliche Dienst. Dann brachen die Jugendlichen auf, um ihr Leben, das mit Gott in Ordnung gekommen war, auch mit Eltern, Freunden und Freundinnen in Ordnung zu bringen. Der jetzt pensionierte Landrat erzählte mir bewegt, dass sein Sohn nach Hause gekommen sei und ihn umarmt hätte und um Vergebung für alles, was er den Eltern angetan hatte, gebeten hätte. Jetzt studiert er an der Universität Jogyakarta und bezeugt Jesus seinen Kommilitonen. Die anderen Jugendlichen sind heute aktiv in den Gebetsgruppen und Evangelisationsteams.

Gottesbegegnung mitten im Alltag

Gott hat viele Christen persönlich heimgesucht. Sie hielten wie gewöhnlich ihre Stille Zeit des Gebets und der Bibellese und plötzlich wurde es eine außergewöhnliche Zeit in der heiligen Gegenwart Gottes. Oder Gott begegnete ihnen mitten im Alltag, wie es z.B. Katja Taopan erlebte, die uns 30 Jahre später berichtete:

»Der Herr hat mich am 29. September 1965 aus einem sehr dunklen Leben gerufen und errettet. An jenem Tag hörte ich im Hause meiner Eltern (ich war damals 19 Jahre) nachmittags um 3 Uhr einen starken Wind. Mein ganzer Körper wurde von oben bis unten mit Hitze erfüllt und ich sah kleine Feuerflammen im Haus. Ich hörte eine Stimme, die mir befahl, zu meinen Eltern zu gehen und sie für alles, womit ich sie verletzt hatte, um Vergebung zu bitten. Ebenso musste ich auch zu meinem älteren Bruder und den jüngeren Geschwistern gehen. Danach geschah etwas, was ich noch nie erlebt hatte: Ich begann zu predigen, und zwar meiner Familie. Meine Stimme war so stark, dass die Nachbarn kamen. Für jeden, der hinzukam, gab der Herr ein Wort, das den Hintergrund seines Lebens aufdeckte. Das hatte zur Folge, dass sie einzeln Buße taten und auch ihre heimlichen Zaubergegenstände brachten. Andere aber schrien, was mir einfiele, sie öffentlich bloßzustellen, und gingen empört weg. Aber am nächsten Tag kamen sie wieder, überführt durch den Geist Gottes, und brachten ihr Leben vor Gott in Ordnung.«

Gottesdienst- und Bibelschulordnungen in Zeiten der Erweckung

Gott setzt sich auch über Bibelschulordnungen und Gottesdienstordnungen hinweg, wenn er sein Volk heimsucht. Das ist natürlich nicht einfach für die, welche als Leiter für diese Ordnungen verantwortlich sind. Es erfordert geistlichen Durchblick, Demut und ein Leben in der Rufweite Gottes, um hier die richtige Entscheidung zu treffen. Im Bibelinstitut in Batu (Indonesien) wurden die gewohnten Ordnungen des Studienjahres außer Kraft gesetzt, als der Heilige Geist Studenten und Lehrerkollegium mit seinem aufdeckenden Licht heimsuchte. Während dieser Erweckungszeit fand kein Unterricht statt. Lehrer und Studenten dienten einander, um mit ihrem Leben vor Gott in Ordnung zu kommen. Das Außergewöhnliche geschah, dass selbst Studenten Lehrern seelsorgerlich dienten, was sonst im asiatischen Kontext völlig unvorstellbar ist.

In einer Gebetsgemeinschaft auf Matten geschah es, dass einer der Studenten so vom Geist Gottes überführt wurde, dass sein Kopf immer wieder auf den Boden geschlagen wurde. Er war ein begabter, kluger Kopf und wusste es auch! Gott kam mit ihm zurecht. Er tat Buße und wusste fortan, auch später, als er selbst Bibelschullehrer wurde, dass sein Verstand Gottes anvertrautes Gut und unter die Regierung des Heiligen Geistes zu stellen war.

Festo Kivengere berichtet von Gottesdiensten in der Erweckung in Ostafrika, in denen der Heilige Geist schon während der Liturgie sein überführendes Werk tat:

»Eines Sonntagmorgens las der Pfarrer aus Jesaja vor. Es war die erste Lesung in einem Sonntagsgottesdienst; und wie er Jesaja 53 las, da fingen die Leute überall in der Kirche an zu weinen. An dem Tag wurde nicht gepredigt. Das Bibelwort predigte. Leute wurden bekehrt. Ich sah Leute, die sich nicht mehr auf den Beinen halten konnten und zusammenbrachen. Sie mussten getragen werden, denn diese Macht des Überführtseins war so stark, dass man fürchten musste, sie würden sterben. Aber die Prediger oder Redner haben das für ganz normal gehalten. Sie ließen sich durch diese Vorgänge nicht durcheinander bringen. Es war ja ein Kampf gegen dämonische Geister, denen sie bisher dienten. Wenn Leute umfielen, predigte der Pfarrer immer weiter aus Jesaja 53: ›Er wurde für unsere Übertretungen verwundet, für unsere Sünden zerschlagen und das Gericht für unsere Sünden ist auf seiner Schulter. Durch seine Striemen sind wir geheilt.‹ Und während diese Schriftworte wiederholt wurden, sah man, wie die Leute aufstanden. Sie sangen, klatschten und fingen an Zeugnis zu geben. Das war außergewöhnlich, besonders in der anglikanischen Kirche. Die Liturgie wurde gestört. Die Ordnung des Gottesdienstes war gestört, und einige gute Leute waren darüber sehr ärgerlich. Sie sagten: ›Das ist Verrücktheit! Das bringt die Kirche durcheinander! Das ist zu viel Gefühl!‹ Es gab einige fromme Leute, die sehr gegen die Erweckung waren.

Einer unserer Pastoren schlug seine Legende auf. Wir benutzen am Sonntag ein Gebetbuch. Er las die Einleitungsworte, die jeden

Sonntag vor den gleichen Leuten gelesen wurden. Während er las, fing jemand an zu weinen, weil er dadurch von seiner Sünde überführt worden war. Der Pastor war darüber sehr verwundert, fuhr aber mit dem Lesen fort. Als er fertig war, standen etwa 20 Leute an verschiedenen Stellen in der Kirche auf und entschieden sich für Jesus. Nun wusste dieser liebe Pastor nicht, wie er sich verhalten sollte. Konnte er den Gottesdienst in der gewohnten Weise halten? Diese Leute machten Geräusche in der Kirche, und so etwas geschah während der Liturgie! . . . Sie glauben nicht, dass Liturgie so etwas machen kann? Viele Leute denken, wozu ist die Liturgie schon gut? Sie vergessen eines: Es ist nicht die Liturgie, die tot ist, es sind die Menschen, die tot sind. Der Heilige Geist kann durch Liturgie reden. Er kann die Worte wie Pfeile in die Herzen tragen, so dass sich Leute bekehren. An diesem Tag brauchte der Pastor nicht zu predigen. Sie gaben ihm keine Gelegenheit, zu Wort zu kommen. Sie fingen an, öffentlich Buße zu tun, bevor er predigte. Deswegen setzte er sich hin, und Menschen bekannten ihre Sünden. Junge Leute fingen an zu klatschen, zu singen. Er brauchte nicht viel zu tun. Gott hat alles getan. Der Pastor hatte es einfach in diesem Gottesdienst. Die Liturgie wurde lebendig durch lebendige Christen. Wir erlebten eine urchristliche Form von Gottesdienst.«

Auswirkungen der Erweckung auf Nichtchristen

Festo Kivengere berichtet weiter:

»Gott suchte nicht nur seine Gemeinde in Ostafrika, sondern seine Gegenwart wird auch von Nichtchristen an vielen Orten in Uganda erfahren. Die Wirklichkeit Gottes kam über das Land. Leute konnten nachts nicht mehr schlafen. Schulkinder wie ich lagen in den Schlafräumen der Schulen wach. Menschen wurden voller Furcht, dass Gott sie berühren könnte. Gott war gegenwärtig. Auch Besucher, die in die Stadt kamen, konnten nicht schlafen. Sie wachten in der Nacht auf und weinten. Selbst Heiden, weit in den Bergen, hatten Visionen. Sie kamen und weinten; Leute, die nie eine Kirche von innen gesehen hatten. So geschahen Dinge, die niemand beschreiben konnte. Der Heilige Geist wirkte, begleitet von Träumen und Gesichten in der Nacht. Eines Tages in der Schule, ich werde es nie vergessen, brachten sie einen Mann, der jetzt noch lebt. Sie führten ihn an der Hand. Er konnte nicht sehen. Die Vision, die er hatte, hatte ihn blind gemacht, wie Paulus. Er erzählte, was er gesehen hatte. Er hatte die Herrlichkeit Christi gesehen. Ein leuchtendes Licht. Und seine Augen waren wirklich verbrannt. Und als er sein Zeugnis weitergab, von seinen Erfahrungen erzählte, da fielen Leute zu Boden, vom Geist Gottes getroffen. Eine seltsame Macht. Sobald sie unter diese Gewalt kamen, wussten sie, dass sie Sünder waren, und das war schon etwas.«[21]

Erweckung und Gefühlshörigkeit

Der Timorese W. Lerrik hat für die FETA in Basel Studentenretraiten über Seelsorge gehalten. Er berichtet ehrlich, wie Gott ihn von falscher Gefühlshörigkeit freigemacht hat.

»Es ist nicht falsch, Gott mit dem Gefühl zu erfahren. Es ist nur gefährlich, wenn das Gefühl regiert und entscheidet. Ich erzähle ein Beispiel, wie ich von der Herrschaft meiner Gefühle frei werden konnte. Ich war früher mitten in der Erweckungsbewegung auf Timor, wo ich die Gegenwart Gottes oft auf besondere Art verspürte. Sehr häufig vernahm ich seine Berührung wie mit einer Hand, die sich auf mich legte. Das geschah auch später in Europa, und ich war glücklich darüber, seine Gegenwart ständig so zu erfahren. Doch mein Gefühl fing an, die entscheidende Rolle zu spielen für meine Gewissheit, ob Gott gegenwärtig sei oder nicht. Eines Tages war ich in Zürich im Niederdorf bei der Heilsarmee, wo ich einen Gottesdienst besuchte. Ich freute mich sehr darüber, denn man pries Gott von ganzem Herzen. Ich überlegte: Wenn David hier wäre, da hätte er sicher auch Freude. Nach dem Abend auf dem Heimweg hatte ich das Gefühl, als ob Gott sehr weit von mir entfernt wäre. Ich begann, mich mit ihm darüber zu unterhalten. Ich fragte: ›Herr,

[21] Festo Kivengere, »Erneuerte Gemeinden«, S. 31-32+43, Großalmerode 1975

warum habe ich das Gefühl, dass du so weit von mir entfernt bist? Was ist los? Habe ich etwas Falsches getan oder gedacht? Vergib mir, oder zeig mir, was los ist, damit das nicht wieder vorkommt.‹ Doch ich vernahm keine Antwort. Gar nichts. Am gleichen Abend konnte ich deswegen nicht schlafen. Ich wollte wissen, warum ich dieses Gefühl hatte. Aber ich war schrecklich müde und schlief ein. Nach einer Stunde erwachte ich wieder und fragte Gott wieder danach, warum ich Seine Gegenwart nicht spüren könne. Keine Antwort. Bis etwa halb sechs morgens hörte ich nichts, so stand ich auf und wollte frühstücken, damit ich dann fit war, um zu predigen. Während ich den Tee aufsetzte, entspannte ich mich wahrscheinlich ein wenig. So konnte der Herr etwas sagen. Ich erhielt eine Melodie in mein Herz und einen Bibelvers aus Matthäus 28,20. Ich begann zu singen: ›Ich bin bei euch alle Tage, so spricht der Herr.‹ – Plötzlich sah ich ein: Gott hat gesagt: Ich bin bei euch jeden Tag. Und er sagt, was er meint, und er meint, was er sagt. Dann muss er ja bei mir sein, egal, wie ich mich fühle. Ich nahm mir die Zeit, ihn zu loben und ihm zu danken. Plötzlich verspürte ich wieder seine Gegenwart. Ich war sehr glücklich darüber und dankte dem Herrn für seine Lektion. Seitdem weiß ich, dass es keine Rolle spielt, welche Gefühle man hat, aber Gott ist treu. Was er versprochen hat, das hält er: Ich bin bei euch alle Tage.«[22]

Manifestationen der Erweckung im 18. Jahrhundert

Wir schlagen nun eine Brücke zurück ins 18. Jahrhundert, in die Zeit, als in Herrnhut der geistliche Aufbruch der Brüdergemeine geschah und Gott New England in Amerika mit einer gewaltigen Erweckung heimsuchte. Jonathan Edwards, einer der herausragenden angelsächsischen Theologen, schrieb danach zwei Bücher über die Erweckung in New England, die bis heute immer wieder neu aufgelegt worden sind: »A Narrative of Surprising Conversions« und »The Distinguishing Marks of A Work of the Spirit of God«.

Uns interessiert besonders, wie er die körperlichen Begleit-

22 William Lerrik, Unsere Vollmacht in Christus, Koinonia Verlag 1992

erscheinungen der Erweckung beurteilte, die in seiner Gemeinde in Northhampton ausbrach:

»Wenn es Gott gefällt, das Gewissen von Menschen in einer Weise zu überführen, dass dabei große äußere Auffälligkeiten auftreten, welche die Versammlungen und Gottesdienste unterbrechen, ist dies meiner Meinung nach genauso wenig eine unglückliche Unterbrechung und Verwirrung, wie wenn eine Gruppe, die auf dem Feld um Regen betet, plötzlich ihr Gebet unterbrechen muss, weil sie von einem Regenschauer überrascht wird . . .

Ich bin nun einige Monate im engen Kontakt mit den Menschen, welche außergewöhnliche körperliche Manifestationen erlebt und viele vor den Kopf gestoßen haben dadurch, dass sie schrien, zitterten und sich in körperlichen Schmerzen wanden. Diese ungewöhnlichen Erscheinungen hatten zwei verschiedene Hintergründe: Die einen waren in großer Trauer und Verzweiflung über sich selbst, als sie die Tiefe ihrer Sünde und Verlorenheit erkannten. Die anderen waren überwältigt von dem Wunder, der Größe und dem Außergewöhnlichen der göttlichen Heimsuchung. Allen gebe ich das Zeugnis, dass das, was sie erlebt haben, den Stempel von Gottes Wirken trägt.«[23]

Ablehnung und Widerstand gegen Erweckung

Gottes gnädiges Heimsuchen ist aber auch immer wieder in der Geschichte der Erweckungsbewegungen auf vehemente Ablehnung gerade von geistlichen Führern gestoßen. Es gab Verfolgungen und Ausgrenzungen innerhalb von Kirchenorganisationen und Ortsgemeinden. Es gab Erweckungsbewegungen, die deshalb außerhalb der verfassten Denomination neue Gemeinden gründeten. Es gab andere Erweckungsbewegungen, die einen langen, nicht einfachen Demutsweg unter Anfeindung und Verachtung innerhalb der tra-

[23] Jonathan Edwards, »The Banner of Truth Trust«, Edinburgh 1994, S. 127+123

ditionellen Kirchen gegangen sind. Jesus sagte: »Ihr werdet gehasst werden von jedermann um meines Namens willen. Wenn sie euch aber in einer Stadt verfolgen, so flieht in eine andere. Der Jünger steht nicht über dem Meister. Haben sie den Hausherrn Beelzebub genannt, wie viel mehr werden sie seine Hausgenossen so nennen! Darum fürchtet euch nicht vor ihnen« (aus Mt. 10,22-26).

Das ist oft kein leichter Weg. William Nagenda, einer der geistlichen Führer der ostafrikanischen Erweckung, wurde aus der Theologischen Hochschule ausgewiesen. Eika Sabiti wurde wegen seiner Beziehung zur Erweckungsbewegung von einem Kirchenfürsten sogar des Landes verwiesen. Später wurde Eika Sabiti Erzbischof, und William Nagenda wurde 15 Jahre später vom gleichen Bischof in die Theologische Hochschule eingeladen, um eine Pastorenkonferenz zu leiten.

Ablehnung kann Gottes Gericht hervorrufen, in dem aber letztlich Gottes suchende Gnade verborgen ist. Ein Gebiet auf der Insel Timor erlaubte keinem Erweckungsteam den Zugang. Was tat Gott zu ihrer Errettung? Er schickte eine Dürre, wo sonst ringsum genügend Regen fiel. Der Landstrich wurde zum Notstandsgebiet erklärt. Die Regierung schickte Lastwagen mit Reis. Die Regierungsbeamten hatten schon in den Teams mitgearbeitet. So kam mit den Reisverteilern zugleich auch das Evangelium. Es ist wahr: »Irrt euch nicht, Gott lässt sich nicht spotten.« Aber auch das ist wahr: Welch eine Liebe Gottes steht hinter diesen Ereignissen! Es ist erstaunlich, wie viele Regierungsbeamte, bis zum Landrat hin, Jesus annahmen und aktiv mit in der Evangelisationsarbeit stehen.

Gottes Zeiten und Erweckung

Zuletzt steht die Frage im Raum: Hat Gottes heiliges »Heimsuchen« seine besondere Zeit? Wenn ja, bedeutet das, dass Gottes Zeit für Deutschland der Vergangenheit angehört? Diese Fragen lassen sich nur beantworten, wenn wir das Zeugnis der Schrift über bestimmte Zeitbegriffe richtig verstehen. Die Schrift spricht von geschichtlichen Abläufen, der addierten Zeit, und gebraucht das Wort Chronos (vergleiche Chronologie Gal. 4,4): »als die Fülle der Zeit«, d.h. der Geschichtsabläufe, »gekommen war«. In Apg. 1,6 heißt es: Herr, wirst du »in dieser Zeit«, dieser Zeitperiode, das Reich für Israel wieder aufrichten? Weiter gebraucht die Schrift den sehr wichtigen Ausdruck »Kairos«, wenn sie von qualitativer Zeit spricht, von geeigneter und festgesetzter Zeit, von verdichteter Gotteszeit, so in Markus 1,15: Die Zeit, die Gotteszeit, »ist erfüllt, und das Himmelreich ist nahe herbeigekommen«. Dazu zwei wichtige Verse aus dem Lukasevangelium (Lk. 21,24): Jerusalem wird zertreten werden, bis die Zeiten, die festgesetzten Gotteszeiten, der Heiden erfüllt sind, und Lukas 19,44: ». . . weil du (Israel) die Zeit, die geeignete Gotteszeit, nicht erkannt hast, in der du heimgesucht worden bist.« In 2. Korinther 6,2 kommentiert Paulus Jesaja 49,8 (wörtlich): »Ich habe dich zur willkommenen Gotteszeit erhört . . . siehe, jetzt ist die hochwillkommene Gotteszeit, jetzt ist der Tag des Heils.« Die hochwillkommene Gotteszeit wird mit dem Tag des Heils gleichgesetzt und umfasst die Zeit vom ersten Kommen Jesu bis zu seiner Wiederkunft. Und zuletzt ermahnt Paulus in Epheser 5,16: »Kauft die euch von Gott gegebene Zeit aus, denn die Tage sind böse.«

Wir kommen nun zur Schlussfolgerung. Gott wirkt in Geschichtsabläufen und Geschichtserschütterungen. Sie können zum Rahmen seiner göttlichen Zeit werden wie z.B. die fehlgeschlagene kommunistische Revolution in Indonesien oder der Zusammenbruch der ehemaligen Sowjetunion; aber auch wirtschaftliche Notzeiten und Flüchtlingsbewegungen oder im Gegenteil: wirtschaftliche Aufbauzeiten, wie in Korea und Indonesien.

Gottes festgesetzte Heimsuchungszeit für die Völker der Welt - einschließlich Deutschland - geht erst zu Ende, wenn Jerusalem nicht mehr von den Heiden zertreten wird. Politisch ist das heute schon der Fall, aber geistlich-religiös nicht. Die Augen der Christen sind deshalb weltweit auf Jerusalem gerichtet. Jetzt ist immer noch die »hochwillkommene Gotteszeit« für die Völker, aus denen Christus seine Gemeinde sammelt.

Jetzt rüttelt der Heilige Geist noch einzelne Christen, ganze Gemeinden, ja ganze Gebiete wach und überführt viele Nichtchristen von der Notwendigkeit der Erlösung. Die Prophetie aus Joel 3,1-5: »Und es soll geschehen in den letzten Tagen, spricht Gott, da will ich ausgießen meinen Geist auf alles Fleisch«, hat zu Pfingsten erst den Anfang ihrer Erfüllung erfahren. Denn die Ausgießung des Heiligen Geistes ist ja auch mit den Zeichen der Wiederkunft Christi verknüpft (Apg. 2,19-20): »Wunder oben am Himmel und Zeichen unten auf Erden, Blut und Feuer und Rauchdampf; die Sonne soll in Finsternis und der Mond in Blut verwandelt werden, ehe der große Tag der Offenbarung des Herrn kommt« (vgl. Mt. 24,29). Die Ausgießung erstreckt sich also von Pfingsten bis zur Wiederkunft Christi, wobei die Ausgießung des Heiligen Geistes zu Pfingsten ein besonderes heilsgeschichtliches Ereignis ist, nämlich der Geburtstag der neutestamentlichen Gemeinde, der als solcher nicht wiederholt werden kann. Aber Gottes heiliges Heimsuchen in Erweckungen, die vom Wirken des Heiligen Geistes gezeichnet sind, durchzieht die Kirchengeschichte bis auf den heutigen Tag. Dass es nicht von mir, einer Gemeinde, einem Werk, einer Stadt oder einem Land heiße: »Weil du die Zeit nicht erkannt hast, in der du heimgesucht worden bist«, das soll unser persönliches und fürbittendes Gebet sein!

Schlusswort

Nachdem wir uns nun mit den Elementen der Erweckung befasst haben, steht noch einmal eine besondere Herausforderung vor uns: *Die Erweckung und die Einheit der Gemeinde Jesu* können nicht voneinander getrennt werden. Paulus sagt in 1. Korinther 12,12-13, dass der Heilige Geist eine organische Einheit zwischen den einzelnen Christen und Gemeinden geschaffen hat: »Denn wir sind durch einen Geist alle zu einem Leib getauft.«

Alle, die durch den Heiligen Geist wiedergeboren, von neuem geboren, von oben geboren sind, sind Glieder dieser neuen organischen Gemeinschaft des Leibes Christi, in welcher Er das Haupt ist.

Was für eine Schau, was für ein Geschenk: Alle Christen in einer Gemeinde, an einem Ort, in einem Land und in der ganzen Welt sind nach der Schrift eine lebendige Gemeinschaft!

Die Schrift spricht nicht von einer organisatorischen Gemeinschaft und auch nicht von einer lehr- und erkenntnismäßigen Gemeinschaft - denn unser Wissen ist Stückwerk (1. Kor. 13,9) -, sondern von der Gemeinschaft der Glieder am Leibe Christi. Für sie hat unser Herr gebetet. Für sie hat er sein Leben gegeben: »Ich bitte aber nicht allein für sie, sondern auch für die, die durch ihr Wort an mich glauben, damit sie alle eins seien. Wie du, Vater, in mir bist und ich in dir, so sollen auch sie in uns sein, damit die Welt glaube, dass du mich gesandt hast« (Joh. 17,20-21). Paulus sagt darum den Christen aus dem Volk der Juden und den Christen mit griechischem und römischem Hintergrund: »Jetzt aber in Christus Jesus seid ihr, die ihr einst Ferne wart, Nahe geworden durch das Blut Christi. Denn Er ist unser Friede, der aus beiden eins gemacht hat und den Zaun abgebrochen hat, der dazwischen war« (Eph. 2,13-14). Das bedeutet, dass zum Beispiel messianische Juden und palästinensische Araberchristen trotz aller gegenwärtigen politischen Gegensätze eine Einheit sind. Der Heilige Geist ist dabei, ihnen dafür die Augen zu öffnen, trotz aller persönlichen Konsequenzen.

Das Zeugnis dieser neuen Gemeinschaft ist heute in einer Welt gefordert, die immer mehr endzeitlichen Charakter annimmt. Die Liebe erkaltet. Egoismus und Hass feiern Triumphe. Rassische, völkische, stammesmäßige, soziale und religiöse Gegensätze zerreißen die Menschheit, und zwar nicht nur auf globaler, sondern auch auf nationaler und lokaler Ebene.

Die Gemeinde Jesu ist in diesen eskalierenden Sog der Gegensätze mit hineingerissen. Sie wird dabei zerrissen, wenn sie nicht ganz neu das Geheimnis der Einheit der neutestamentlichen Gemeinde entdeckt, »welche ist Christus in euch und unter euch« (Kol. 1,27).

Ein erweckter Christ sieht in dem Anderen Christus und damit seinen Bruder und seine Schwester; er sieht Christus in ihm, auch wenn er einem anderen Volk, einer anderen sozialen Schicht oder einer anderen Kirche und Gemeinde angehört. Diese Schau führt ihn zum Danken für den Bruder und die Schwester, und er bringt die Liebe, mit welcher er von Christus geliebt ist, praktisch und gegenwartsnah zum Ausdruck. »Wir wissen, dass wir aus dem Tod in das Leben gekommen sind, denn wir lieben die Brüder. Wer nicht liebt, der bleibt im Tod«, schreibt der Apostel Johannes in einer Zeit, die damals schon antichristliche Züge trug (1. Joh. 3,14; 3,18; 2. Joh. 2).

Lieben und die Wahrheit in Liebe sagen, lieben und einen Unterschied zwischen der Sünde und dem Sünder machen; lieben, ohne sich den Blick durch unterschiedliche Frömmigkeitsstile und lehrmäßige Überzeugungen verstellen zu lassen – das ist das Charakteristikum einer echten Erweckung. »Hat Gott uns so geliebt, so wollen wir auch einander lieben. Wenn wir einander lieben, so bleibt Gott in uns, und seine Liebe ist in uns vollkommen« (1. Joh. 4,11-12). Die geistliche Einheit, wo man sich gegenseitig achtet, füreinander denkt und voneinander lernt, ist aber nicht nur das Charakteristikum einer echten Erweckung, sondern auch der Ort, an dem Gott seinen Segen verheißt. »Siehe, wie fein und lieblich ist es, wenn Brüder einträchtig beieinander wohnen! Denn dort verheißt der Herr den Segen und Leben bis in Ewigkeit.« (Ps. 133,1+3)

Damit schließt sich der Kreis. Geistliche Einheit steht am Anfang einer Erweckung, sie bestimmt entscheidend ihren Fortgang, und sie hat eine ewigkeitliche Perspektive. Wenn wir uns angesichts der Zerrissenheit der Christen beugen, ja persönlich zutiefst Buße tun, wo wir zu dieser Zerrissenheit beigetragen haben, stehen wir an der Segenspforte zu einer neuen Erweckung.

STICHWORTVERZEICHNIS

Angaben zur Person des Autors

Pfarrer Detmar Scheunemann:

1957-1989	in Indonesien Theologischer Lehrer Rektor des Bibelinstituts Batu Regionaldirektor des WEC - Weltweiter Einsatz für Christus International für Ost- und Südostasien
1989-1997	Prorektor und Studienleiter an der Freien Hochschule für Mission, Korntal
seit 1997	Internationaler Lehrdienst im WEC International

Margaret Kirk

Zähle die Tage meiner Flucht

192 Seiten, RBtaschenbuch Bd. 856, Bestell-Nr. 220 856

»Ich war eben mit Kochen fertig, als plötzlich die ›Schwarzhelme‹ schreiend aus dem Wald strömten. Es war nicht mehr möglich, mit den Kindern wegzurennen. Sie verlangten meinen Mann. Ich sagte, ich wüsste nicht, wo er sei. Sie nahmen alles mit, was sie an Essbarem finden konnten. Dann befahlen sie uns hinauszugehen und fragten mich, was mir lieber sei, mein Haus oder mein Leben. Unser Haus ging in Flammen auf.«

Als islamische Extremisten versuchten, die Herrschaft über weite Teile Indonesiens an sich zu reißen, begann für die christlichen Pado-i auf Celebes eine Zerreißprobe.

Ein spannender Bericht über die Auseinandersetzungen zwischen Islamisten und Christen - und eine bewegende Familiengeschichte.

Margaret Kirk stammt aus Neuseeland und ging 1959 mit einer Missionsgesellschaft nach Indonesien. Dort arbeitete sie 28 Jahre lang in einem medizinischen Team auf Java, später in einem Entwicklungsprogramm der einheimischen Kirche in Sulawesi (Celebes).

R. BROCKHAUS VERLAG WUPPERTAL